JN240314

失敗事例に学ぶ
税金事件ファイル25

中島茂幸 著
Nakashima Shigeyuki

中央経済社

はじめに

著者は長年東京国税局管内で調査による課税処分をし、その後、大学教授として課税事件を研究してきましたが、多くの課税事件を見てきて残念に思うことが多々あります。故意による脱税は別として、社長や経理担当者の安易な考えや処理によって課税されたり、税理士の不適切な対応によって課税されることが意外に多いのです。確かに税金問題は難しいところがあります。しかし担当者や税理士任せにしてはいけません。経営者も税法の要点は理解していなければならないと思います。

役員給与について基本的な理解をしていなかったことによる「役員給与の損金不算入」3770万円の多大な課税が生じることもあります（No.4）。株式譲渡の対応ミスにより2億円の「みなし譲渡」（No.9）や4億円弱の「みなし贈与」（No.10）の課税を受けることもあります。また、課税庁の主張に負けず訴訟をして勝つためには課税処分に対抗するそれなりの証拠を示す必要があります（No.12～15）。また、経理担当としても間違いのない業務をするには税理士との対応で注意する必要があるところも多いです。申告書の提出ミスによって12億円余もの無申告加算税（No.22）が生じたり、様式の確認が不十分であったことから4億円余の消費税還付が受けられない（No.25）こともあります。税の世界には一般の常識と異なる定めが多々あります。また、近時の税の執行は厳格化されており、別表の添付が漏れただけで多額の税額控除ができず損失を被ることもあります（No.23）。また、タックスヘイブン税制における別表の添付漏れで2億円余の税理士に対する損害賠償請求事件も生じています。

こうした事件を見ていると社長も担当者も「今少し税について注意を払っていただければ」と思い残念です。

そこで、本書では多数の課税事件の中から実務的に間違いやすい事例25を選んで、経営者や経理担当者に注意喚起を図るために、税務調査の現場感覚で軽い読み物として事例を掲げ、その背景や課税事件の簡単な紹介や問題点をコメントしてみました。

経営者や経理担当者のための税金読本といったところです。課税事件に巻き込まれないためにお役に立てていただければ幸甚です。

なお、本書では、実際の課税事件から要素を抽出してモデル化したり簡単に記述していますので、大学で税法を学ぶ学生は、課税事件の導入としてお読みいただき本格的な学習には掲載した判決等を読み解くことでより深く学ぶことができると思います。

謝　辞

本書の刊行に当たっては、税理士・渡邉正博氏（元本郷税務署長・税務大学校法人税担当教授）、元税理士・相澤友弘氏（元千葉南税務署長・東京国税局消費税課補佐）、税理士・笹森浩志氏（元杉並税務署長・税務大学校法人税担当教授）から多くの意見を頂戴し、また、中央経済社編集部・田邉一正氏から本書の構成などに細やかな意見を頂戴しましたことに深く感謝申し上げます。

令和６年９月

中島　茂幸

目次

目次

第4章　事実認定と解釈に係る課税事件 …… 91

目　次

凡例

法　　法：法人税法
法　令：法人税法施行令
法基通：法人税基本通達
所　法：所得税法
評価通達：財産評価基本通達
消基通：消費税法基本通達

第1章

役員給与に係る課税事件

No. 1

定期同額給与のトラブル（その１）

宿日直手当等は定期同額給与には該当しないとされた課税事件

（理事長の勤務について事務長との会話）

理事長　事務長、僕は病院の運営上理事長となっているが、院長としての勤務もこなし、勤務医のいない宿日直や年末年始の出勤なども務めているんだよ。

事務長　理事長のご苦労はよくわかります。ですから、理事会で決定している毎月の役員報酬とは別に、宿日直手当等を加算しているのです。会計上、理事長の給与は役員報酬、宿日直手当は諸手当として計上していますが、給与計算上は合算して源泉徴収しています。

（数年ぶりの税務調査）

調査官　こちらの医療法人は評判もよくお忙しいと思いますが、税務調査をさせていただきます。よろしくお願いします。

理事長　僕は理事長といっても事務的なことは事務長に任せているし、医者としての業務があるので、調査のことは事務長、頼んだよ。

調査官　事務長さん、病院の運営は大変だと思います。また、土日を問わず急患が来たり、年末年始もゆったりできませんね。ところで、お医者さんの先生方の勤務についてですが、土日や宿直、年末年始の勤務はどのようになっていますか。また、それらの諸手当てはどうなっているのですか。

事務長　一応、医師全体でローテーションになっているので、該当者にはそれぞれの定められた給与のほかに手当てを加算して給与計算を行っています。

調査官　ところで、理事長先生も土日の宿日直や年末年始の勤務もされていますね。これらの諸手当も役員報酬のほかに加算して支払っていますが、残念ながら理事長へのこれらの諸手当は定期同額給与に該当しませんので、修正申告してください。

事務長　いままでも役員報酬と諸手当として処理してきたのですが、過去の税務調査で特に指摘を受けたことはなかったですよ。

調査官　税法が改正されて定期同額給与の定義が厳しくなったので、従来、認められていたような諸手当については定期同額給与に含まれないのです。

理事長　君ね、僕は理事長という立場と医者という立場があるんだよ。税法が変わったというけど、実務は簡単に変わらないのだよ。従来認めていたのだから柔軟に解釈してもいいのではないのか。

調査官　お気持ちはわかりますが、税法が改正され、解釈上でというわけにはいきません。理事長としての毎月の報酬は定期同額ですからそのまま費用で結構ですが、諸手当の加算分は損金不算入になります。

（修正申告の提出）

指摘を受けて当初は、月々の宿日直手当のうち毎月同額となる部分を除いた図表（A）の部分を修正申告しました。

これに対して課税庁は、役員報酬として定められた給与が定期同額給与であり、それを上回る金額、つまり、諸手当のすべてをを損金不算入とする課税処分をしました。

▼事件の顚末

法人は、改正後法人税法34条は「恣意性排除と損金算入する役員給与の範囲の制限という目的を達成するためにその例外を定めたものであることからすれば、支給に恣意性のない職務対

〈図表〉理事長報酬と宿日直手当の支給状況

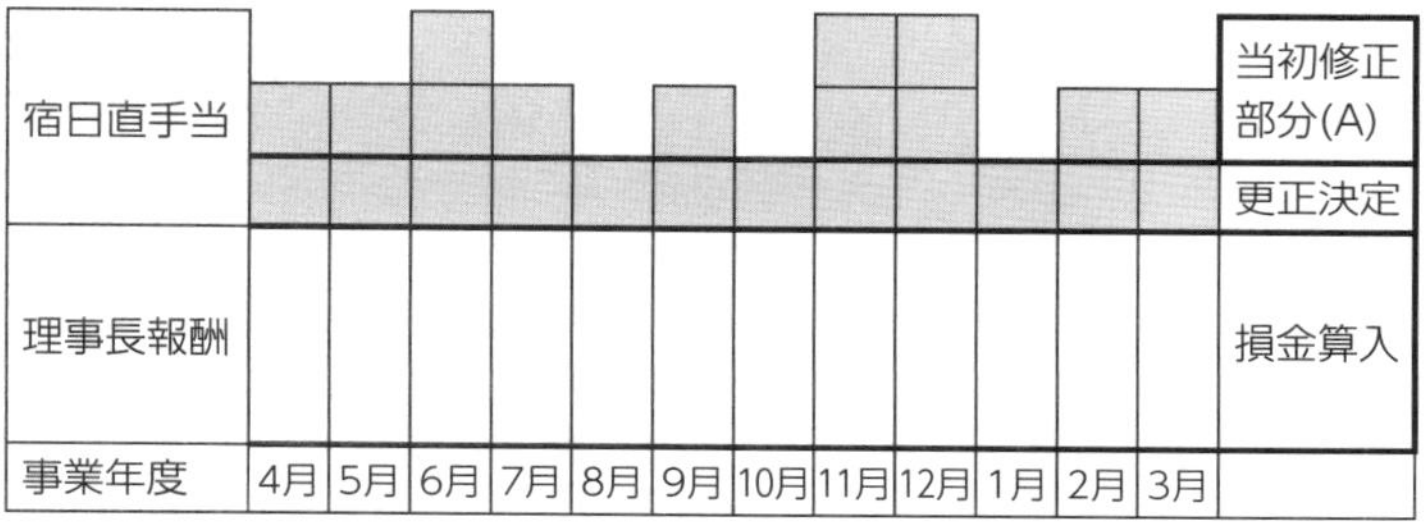

価である本件宿日直手当等についてまで、……その全部を損金不算入とするのは、税の中立性を害し極めて不合理な結果をもたらす」などを主張しました。

しかし地裁では、旧法人税法下で「報酬」とされていたもののうち各支給時期における支給額が同類でないもののうち、たとえば、**歩合給や能率給などのように月額部分に大きな変動もなく継続的に支給され、その支給に恣意性はないとしても、各支給時期における支給額が同額でない以上、定期同額給与には該当しない**ものと判示しています。そして宿日直手当等は、各支給時期における各手当ての支給額は同額でなく、宿日直等の行為をしたことによりその役員等に対して支給する給与そのもので、定期同額給与の類型に当たらないとして宿日直手当等の加算金額はすべて損金不算入とした課税処分が認められ棄却されました。

◎参照判決等

・松江地裁　令和3年2月8日判決・棄却・確定

▼税理士からのコメント

改正前は過大役員報酬の損金不算入の規定でしたが、改正後は定期同額給与と定めていますので、定期同額給与以外の定めによる諸手当は定期同額給与に含まれなくなったことに留意すべきです。本来役員というのは就任する法人に対して包括的な責任を有しており時間外勤務などという概念はないと思います。そこで役員に対してもある程度の時間外勤務等が発生するのであればそれらの意味も含めて、定期同額給与の月額を定めるべきでしょう。

No.2

定期同額給与のトラブル（その２）
減額した給与を超える部分の金額は損金不算入とされた課税事件

（Ａ社とＢ社の業務内容と営業収益手数料の意味）

Ａ社は、記帳整理及び決算書類の調製等を営む法人として設立されており、Ｂ社もまた同様の業務を営む法人として設立され、いずれも「甲」が社長に就任しています。Ａ社はＢ社の契約顧問先のすべてを譲り受け、Ａ社はＢ社に対してその収入の一定割合を営業収益手数料として支払うこととしていました。

Ｂ社には多額の借入金があり、債権者から弁済額の増額要請を受けていたため、Ａ社は、Ｘ年10月からＢ社への営業収益手数料を増額するとともに、Ａ社での甲社長に対する給与の支給額50万円を20万円に減額して支給していました。営業収益手数料は損金算入し、甲社長に対する年間報酬支給額（Ｘ年12月期）５１０万円を損金算入して申告をしていました。

（役員報酬を減額支給した後の税務調査）

調査官　甲社長は、いろいろな法人を営んでいますが、本日はA社について調査します。関連があれば主宰している他の法人についても調査しますのでよろしくお願いします。早速ですが、社長の役員給与のことです。1月から9月まで毎月50万円の支給で、10月から12月まで月額20万円となっており、期の途中で減額されています。これはどういうことですか。

甲社長　A社はB社に営業収益手数料の支払い額を増額したので、その分、私に対する役員報酬を減額したのです。

調査官　A社からB社への営業収益手数料の根拠は何でしょうか。根拠がなければ寄附金ですよ。また、役員報酬を減額されたのは、どのような事由によるのですか。社長が説明する営業収益手数料の支払を増額したから役員報酬を減額するということでは減額事由にはなりません。したがって、1月から9月までの役員報酬は50万円ではなく、10月からの役員報酬20万円が定期同額給与ということになり、1月から9月までの役員報酬50万円のうち20万円を超える金額は損金不算入となります。

〈図表〉役員報酬の支給状況

(単位：万円)　　(当初支給金額)　　(減額支給額)

事業年度	1月	2月	3月	4月	5月	6月	7月	8月	9月	10月	11月	12月
役員報酬	50	50	50	50	50	50	50	50	50	20	20	20

50万円のうち１月から９月まで、20万円を超える30万円を損金不算入

事件の顛末

A社は、甲の報酬を減額して営業収益手数料を増額し、B社の債権者への弁済額を増加しなければ、一括弁済を求められ、B社もA社も業務が立ち行かなくなる危険があったから減額したので、「経営の状況が著しく悪化したことその他これに類する事由」に該当すると主張しました。

しかし、裁判では、これらの事業年度における業績においてそのような大きな変動が認められず、主張する事由では定時同額給与の改定事由には該当しないものとして役員報酬５１０万円のうち２７０万円(1月から9月分まで各月30万円×9月分)を損金不算入とする課税処分が認められ棄却されました。

◎参照判決等

・東京地裁　平成26年5月30日判決・棄却・控訴

・東京高裁　平成26年10月15日判決・棄却・上告

・最高裁（二小）平成28年2月26日決定・棄却不受理・確定

▼税理士からのコメント

平成18年法人税法の改正において役員給与は原則として損金不算入とされ、①定期同額給与、②事前確定届出給与及び③利益連動給与（改正後業績連動給与）に該当する給与は損金算入としました。そして①定期同額給与とは、「一月以内の一定期間ごとに支給するもので、かつ、各支給時期における支給額が同額である給与」をいうものとしています。しかし、定期同額給与ついては、企業経営上いろいろな要素で役員給与を減額せざるを得ないことも生じますので、一定の事由がある場合に役員給与の減額が認められています。

たとえば、定時株主総会における給与の改定、職制上の地位の変更や職務内容の大幅な変更が生じた場合の給与の改定及び経営の状況の著しい悪化など減額せざるを得ない事情による給与の改定といった場合にはそれらに基づく給与の改定は認められます。しかし、本件のように、A社とB社との間における営業収益手数料の増額を理由とする役員給与の減額は、定期同額給与を減少させる事由に該当しないものとされました。

No.3

事前確定届出給与のトラブル（その１）

事前確定届出給与の一部を減額支給し全額損金不算入とされた課税事件

（社長と専務の賞与減額支給の会話）

社長　専務、事前確定給与の届出書では、12月冬季賞与として僕が５００万円で、専務が２００万円となっていたよね。そして7月夏季賞与も同額だったな。

専務　そうです。お陰様で、秋から冬にかけて業績も良く、それぞれ届出どおりに支給していただきました。しかし、春頃から受注が思うように伸びず厳しい状況になっています。

社長　そこで7月夏季賞与を半額支給にしたいと思うんだが、理解してもらいたい。

専務　やむを得ないですね。12月冬季賞与はたくさんもらいましたから我慢しますよ。

（事前確定届出給与の減額支給後の税務調査）

調査官　社長さん、今期の業績はいかがですか。

社長　申告したとおり厳しいですよ。あまり調査でいじめないでください。

調査官　ところで、役員賞与の件で支給状況を確認したいのですが、賃金台帳を見せてください。

専務　これです。従業員分も入っています。

調査官　御社からは事前確定届出給与の届出書が提出されています。お二人とも冬季賞与と夏季賞与の2回支給となっていますが、支給状況をみますと、社長と専務の賞与の支給状況は、12月冬季賞与は届出どおりですが、7月夏季賞与は半額しか支給しなかったのですか。

専務　弊社の事業年度は9月末決算です。夏から冬までは受注も多く業績が良かったので、12月冬季賞与は届出どおりに支給しました。しかし、その後受注が落ち込んで厳しい状況となったので、7月夏季賞与については臨時株主総会を開催して、厳しい経済状況による業績悪化を事由として50％の減額支給と決議しました。臨時株主総会の議事録はこのファイルにあります。

調査官　しかし、その夏季賞与の減額支給の決議について税務署には届け出がありませんが……。

専務　経理担当に提出を指示していたのですが、提出されていませんでしたか。それは失礼しました。

調査官　そうすると、御社の支給した役員賞与、冬季賞与７００万円と夏季賞与３５０万円全部が損金不算入になります。

社長　それはないでしょう。12月冬季賞与は届出どおりに支給したんですよ。夏季賞与は先ほど専務が説明したように、業績の悪化により50％減額として決議し減額支給したのです。なぜ、12月冬季賞与も損金不算入になるのですか。

調査官　事前確定届出給与は事業年度における業務執行期間を一つとして判定するので、冬季賞与を届出どおり支給しても、夏季賞与を減額支給し届出どおり支給していない場合には、事前確定届出給与を届出どおりに支給したことにはならないのです。

専務　ですから、業績悪化に伴って臨時株主総会決議をしているじゃないですか。

調査官　でもその届出が提出されていません。ということは当初の届出どおりに支給していないということです。せっかく臨時株主総会を開催したのですから、夏季賞与は減額支給として決議しているので、その旨を届出していただければよかったじゃないですか。そうすれば、今回のような損金不算入の問題は生じなかったですよ。

社長　受注も落ち込んでおり厳しいので、そこを何とかならないですか。

調査官　ルールですから。御社だけ特別というわけにはいかないのです。

〈図表〉事前確定届出給与の支給状況

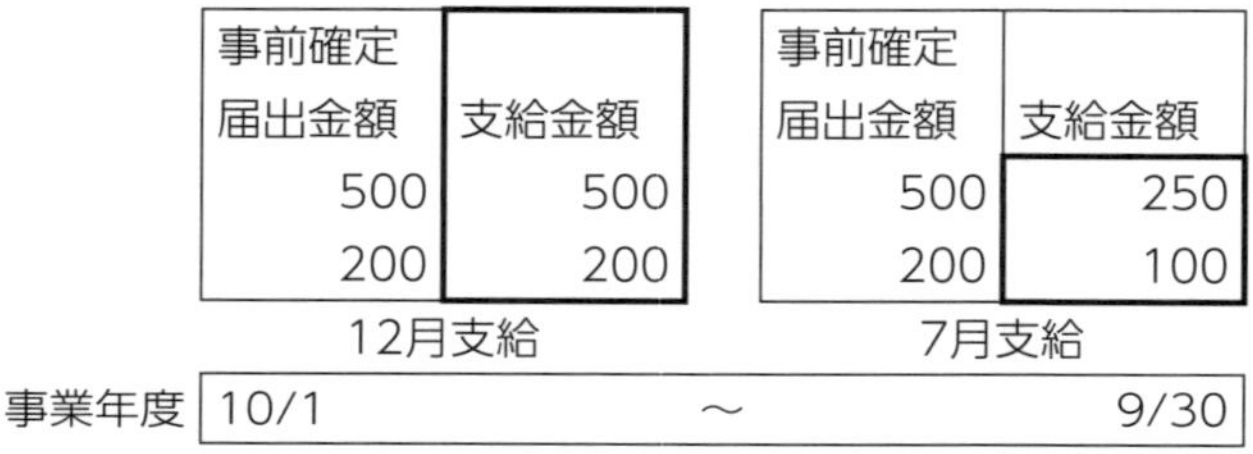

▼事件の顛末

地裁では「事前確定届出給与」について、一の職務執行期間中に複数回にわたる支給がされた場合の役員給与の支給については、「当該役員給与の支給が所轄税務署長に届出がされた事前の定めのとおりにされたか否かは、特別の事情がない限り、**個々の支給ごとに判定すべきものではなく、当該職務執行期間を一個の単位として判定すべきもの**」であるとして、本件の支給状況は、届出に従った支給には該当しないと判示して課税処分を認めて棄却しています。高裁も同旨によって棄却し判決は確定しています。

本件の場合、会社では減額すべき事由が明らかであったので社内では減額支給の決議をしていたのですから、調査官が指摘しているように届け出ていなかった手続きの不備があったのです。

◎参照判決等

・東京地裁　平成24年10月9日判決・棄却・控訴

・東京高裁　平成25年３月14日判決・棄却・確定

▼税理士からのコメント

平成18年改正前の役員賞与は利益処分であるとして全額損金不算入でした。改正後は、会社法及び会計基準において役員に対する給与はすべて法人費用であるとされたのです。そこで、法人税法では、役員給与の恣意性を排除する趣旨からこの賞与部分に相当するものを事前確定届出給与として事前に届出によって確定させた金額を損金算入することとしたのです。しかし、当該職務執行期間においても諸事情の変化はあるので、減額支給する場合には、所定の手続きを行って支給することが重要です。

事前確定届出給与の届出期限は、一般的に「株主総会の決議をした日」または「決議の日が職務執行開始日後である場合には職務執行開始日」のいずれか早い日から一月を経過する日までとされています。そして事前確定届出給与の届出をしている法人に「臨時改定事由」が生じた場合にはその事由が生じた日、「業績悪化改定事由」が生じた場合にはその事由による内容の変更に関する株主総会等の決議をした日から、原則として、一月を経過する日までに届出を提出しなければならないこととされています。

No.4

事前確定届出給与のトラブル（その2）

事前確定届出給与の一部を増額支給し全額損金不算入とされた課税事件

（社長と常務の役員賞与増額の会話）

社長　常務、今期の業績は予想よりも大変よくなりそうだ。そこで、従業員には例年になく賞与を増額支給したように、役員の賞与についても当初予定金額よりも多少加算しなければならないよなぁ。

常務　それはいいですね。今期の業績予想は、従業員の活躍もさることながら、役員の貢献も大きかったので、12月分の事前確定届出給与は届出金額よりも多少増額して支給したら皆さん喜ばれると思います。事前確定届出給与にはある程度業績を見込んで金額を決定していましたが、各役員の賞与に合計額１５０万円加算することでいいのではないでしょうか。

社長　では、それで支給してください。

（役員賞与増額支給後の税務調査、特に大きな問題もなく終了間近になって）

調査官　社長、今期は申告所得金額も1億４５６０万円と大変業績がよかったですね。

社長　お陰様で、弊社の新製品が好評で売上が大きく伸びました。

調査官　御社の経理は大変几帳面に行われており、立派です。ところで、御社の役員賞与の件なのですが、御社は7月と12月に賞与を支払われています。しかし、御社から提出されている「事前確定届出給与に関する届出書」の金額と実際の支給額を検討すると、7月は事前確定届出給与の合計金額１８１０万円と同額なのですが、12月の合計支給額は１９６０万円と全員「事前確定届出給与」の金額よりもそれぞれ増額され、合計１５０万円多く支給されています。御社は4月から翌年3月までの決算となっています。そうしますと、7月に支給した賞与は事前確定届出給与の金額と同じですが、12月が異なりますので、全役員の7月及び12月に支給した役員賞与全額が損金不算入になります。

社長　役員五人に増額した１５０万円が損金不算入となるのはわかるが、支出した金額の全額が損金不算入だと！　確かに12月には届出よりも１５０万円多かったので、この支給額がダメだというのはわかった。しかし、少なくても7月は届出どおりなので、12月分だけではないのか……。

調査官　基本的には全額ダメなのですが、申告内容も素晴らしく記帳状況も大変しっかり行わ

〈図表〉事前確定届出給与の支給状況

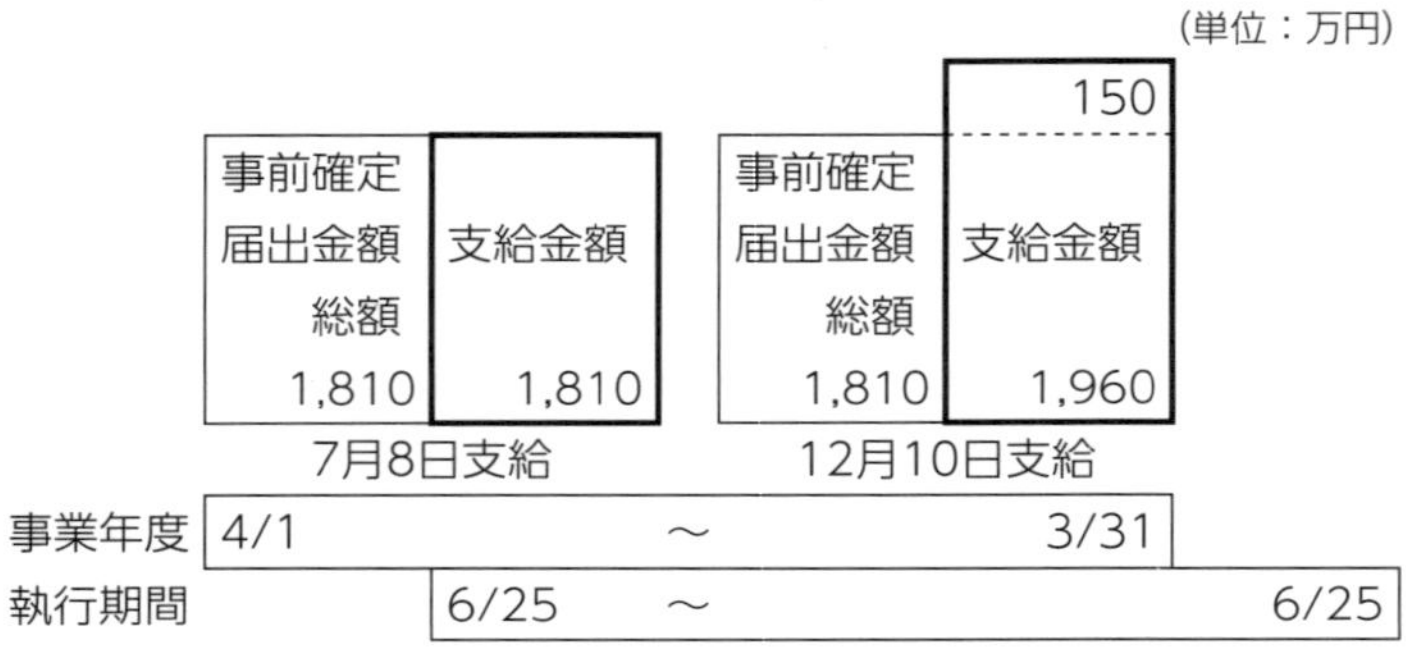

れていましたので、今回のことは指導にとどめておきます。後日、事前確定届出給与の件については、届出書の訂正を提出してください。その他の指摘事項については修正申告をお願いします。

社長　ありがとうございます。

（税務調査による修正申告後、改めて調査官からの再修正の依頼）

調査官　実は、事前確定届出給与の件について署内の審理で問題となりました。というのは御社が会計検査院対象法人で、最初の事前確定届出給与の届出書は会計検査院へ送付されているので、届出書の差し替えはできません。事前確定届出給与の一部とはいえ増額支給した状況にある事前確定届出給与はすべて認められないのです。修正申告をお願いします。

社長　（怒りを込めて）調査の時、指導にとどめると言ったじゃないですか。それをいまさら修正申告を要求するのはおかしい。１５０万円ならばともかく、全額損金不算入なんてそんな修正申告はできませんよ。

調査官　署長にはその旨報告しますが、御社は会計検査院事案なので、更正決定になります。事前確定届出給与として届出した金額以上の支給したことによって支給した全額３７７０万円が損金不算入となります。

▼事件の顛末

地裁では、「事前確定届出給与」について「職務執行期間を一個の単位として判定すべきもの」と解しています。また、付表の差し替えの要請は、調査官らが調査の過程において一担当者としての見解ないし処理方針を示したものにすぎず、「課税庁は、課税要件が充足されている限り、法律の根拠に基づくことなしに租税を減免したり、その徴収を猶予したりすることは許され」ないと判示して課税処分を認め棄却しています。

また会社は、調査官が指導にとどめる旨の発言があって認めていたところ、修正申告の慫慂《しょうよう》となったことから信義則違反や禁反言なども主張しました。しかし裁判では、法人税法に定める役員給与の損金不算入規定における事前確定届出給与の法律論から認められませんでした。

◎**参照判決等**

・東京地裁　平成26年7月18日判決・棄却・控訴

・東京高裁　平成26年11月19日判決・棄却

・最高裁（三小）平成28年3月8日決定・棄却・不受理・確定

▼税理士からのコメント

(1) 会計検査院について

税務署に提出された申告書のうち、資本金または所得金額の一定規模以上のものは会計検査院へも同じ申告書が提出されており、会計検査の対象となっています。これを「会計検査院事案」といいます。税務署あるいは国税局における処理が法令に照らして適正に行われているのか、定期的に会計検査院が検査をしているのです。その際には、情状酌量のような判断はなく法令に従っているか否かです。指摘を受けた場合には正しい課税処理をしなければなりません。そのため、本件のように調査官がこの程度はいいのではないかと思っても、認められることはありません。

(2) 税務署長の裁量について

調査官には、税務調査において認めるとか、認めないとか、というような行政上の裁量権はありません。そのため、調査終了後には税務署内で調査報告と決裁が行われます。税務行政の決定権は税務署長にあります。しかし高裁で判示しているように「課税庁は、課税要件が充足されている限り、法律の根拠に基づくことなしに租税を減免したり、その徴収を猶予したりすることは許されず、仮に納税者との間で納税義務の内容や徴収方法等について法律の定めるところとは異なる内容の和解ないし合意をしたとしても上記に述べたところが左右されるものではないと解されている」のです。ですから**税務署長といえども、法令に定められているルールを逸脱した裁量権はありません**。

したがって、事前確定届出給与の届出書の提出を行った場合には、必ず、届出書に記載した支給日に届出書に記載した金額を各役員に支給することが重要になります。

コラム　役員給与規定の改正

なぜ、一部の減額支給や一部増額によって、支給した役員賞与が全額損金不算入とされたのでしょうか。その理由は、役員賞与に対する商法及び会計における考え方の変化とそれに対応した税法固有の考え方の転換にあります。

❏平成18（2006）年改正前の役員報酬規定

法人の役員報酬及び賞与については、商法上、報酬は費用、賞与は利益処分とされていました。そのため平成18年法人税法改正以前は、役員報酬については、その役員報酬として過大と認定された場合の過大額の損金不算入規定と、役員賞与は利益の分配であるとして損金不算入と規定されていました。

◎平成18年法人税法改正前の役員賞与の課税ルール

◎役員賞与＝利益処分＝損金不算入

❏会社法、会計基準及び法人税法の改正

平成17年に会社法及び会計基準の改正が行われ、役員報酬と役員賞与は、いずれも役員と法人の委任契約による職務執行期間における会計上の費用であると大きく転換されました。そのため法人税法でも役員報酬の規定を大きく転換した立法が行われたのです。

まず**役員給与は原則として損金不算入**とし、その上で、①定期同額給与、②事前確定届出給与、③業績連動給与（改正前利益連動給与）に該当する場合に損金算入とすると定めたのです。つまり会社法や会計基準では、法人と役員とは委任契約であるから、約束どおり支給するというのが原則ですが、これをそのまま税法上認めることは、会社の恣意性を認めることになるとして一定の縛り

を設けたのです。しかしながら、事業経営においてはいろいろと不測の事態も生じます。したがって役員給与について頑《かたく》なに一切の変更を認めないということは経済社会の実態に適応しません。そこで、税務上も、一定の状況変化に対しては一定の手続きを踏まえて役員給与の変更を認めています。事前確定届出給与の場合には、減額の事由及び金額を一定の日まで事前に所轄税務署長へ届け出ていることが必要です。

❑平成18年法人税法改正後の役員賞与課税ルールのポイント

①　事前確定届出給与の届出と同じに届出の支給日に届出の金額を支給
→損金算入

②　届出金額と支給金額が異なる（増額も減額も）場合
→支給額の全額が損金不算入

③　減額支給の損金算入要件（減額変更手続きと届出）
→①臨時改定事由が生じた日、または、②業績悪化改定事由による変更の株主総会等の決議をした日から一月を経過する日までに届け出る。

❑法令解釈上の問題

No.３及び４の課税根拠となっているのは法人税法34条１項２号の定めです。同号は「その役員の職務につき所定の時期に、確定した額の金銭」と定めているのです。**しかし税法には、その定めが**

複数回あるときに一部が異なる場合について特段の定めはないのです。法人税基本通達9－2－14では「所轄税務署長へ届け出た支給額と実際の支給額が異なる場合にはこれに該当しないこととなり、**原則として、**その支給額の全額が損金不算入となることに留意する。」との見解を示しているのです。このように通達の見解が判決で採用されているのです。そしてこの通達の「原則」に対する例外は減額変更手続きと届出をしていることです。

❑ 損金不算入規定の見直しが必要

役員給与に関する平成18年改正の趣旨は、「役員給与の支給の恣意性を排除することが適正な課税を実現する観点から不可欠と考えて」（平成18年度版「改正税すべて」大蔵財務協会323頁）いるのであれば、№4の場合、事前確定届出給与について増額した給与の150万円のみを損金不算入とすることでよいのではないか、ことさら支給した金額の全額を損金不算入にする必然性はないと考えます。全額を不算入とする通達の考え方は、法人の役員給与に対して厳しすぎるのではないか。恣意性を排除するといいながら解釈によって課税範囲を拡大しようとする意識が感じられます。

No. 5

役員退職金の退職を巡るトラブル

分掌変更の退職役員に支給した役員退職金が損金不算入とされた課税事件

（ＸＹ商事株式会社の株主総会）

乙前社長　今回の株主総会で代表取締役を退任し、相談役に就任しました。しかし新社長は営業担当だったので、しばらくは、相談役として社長を補佐できることについてはお手伝いをしていきたいと思います。

甲新社長　いままでは営業担当役員であったところ図らずも代表取締役に就任しました。何分にも不慣れなところであり、前任の乙前社長の指導を受けながら円滑に業務を進めていきたいと思います。

（社長交代後の事業年度について税務調査）

甲社長　社長に就任した直後なので前社長の乙も同席させていただきます。

調査官　甲社長さん、社長業はいかがですか。

甲社長　なかなか大変ですので、乙前社長の指導を受けながら進めています。

調査官　ところで、社長さんのデスクはどこですか。

甲社長　社長室はこちらで、あそこが社長の机です。

調査官　社長のデスクの隣にある少し小さな机は？

乙相談役　あーあれは私が使っています。新任社長が不慣れなことから、しばらくは、甲社長のデスクの横に業務をサポートするために小さなデスクを配置して日々の業務のアドバイスを行うことにしています。

調査官　日々の業務については甲社長が決裁するのではないのですか。

甲社長　私は営業担当をしていたので、つい営業での出張が多く、その間は乙相談役に決裁をお願いしています。あとで、私がまとめて決裁していますが……

乙相談役　甲社長もいろいろと忙しいので、私ができることはお手伝いしています。得意先との相談や支払条件の決定などもしています。また、いろいろな会議にも同席しています。

調査官　そうですか。昨年設備投資をされて借入金もありますので、銀行も調査させていただきます。

（ＳＮ銀行での銀行調査）

調査官　ところでＸＹ商事さんとの取引は随分長いですね。最近、設備投資の件で借入れの申出があったかと思いますが、そのときの稟議書を見せてください。

銀行の担当者　これです。

調査官　（ファイルを見ながら）この借入れについて、融資条件は乙前社長が了解との記載がありますが、社長が交代したことはご存じですよね。

銀行の担当者　ええ知っていますよ。そこに挨拶状も挟んでいます。しかし、ＸＹ商事さんとの打ち合わせは、乙さんの了解を得ておかないと新社長ではなかなか話が進みませんので……。

（再び会社での調査）

調査官　ところで、年末の賞与の査定表はありますか。

甲社長　これです。

調査官　この査定表の決裁欄には甲社長と乙相談役の押印がありますが、この査定の決定はどなたなのですか。協議事項にも乙相談役との話も出てきていますが……。

甲社長　もちろん私ですが、前年度までの経緯もありますので、乙相談役とも相談して決定しています。

調査官　ところで、決算書を見ると役員退職金として５６０９万円の支給が見られますが、これは乙前社長さんの退職金ですね。退職後も相談役となっておられますが、報酬はどうなっているのですか。

甲社長　役員退職金は長年の業績を評価して５６０９万円として取締役会の決議を経て支給しました。また、相談役に就任するに当たっては、従来代表取締役であったときの報酬が月額２０５万円であったところ、７０万円とさせていただきました。

（調査の結果について、甲社長と乙相談役に対して調査の顛末を講評）

調査官　御社の経理状況は非常に良く整理されております。日常の取引関係については、特に是正すべき事項はありませんでした。しかし、乙前社長の退職金５６０９万円について検討したところ、実質的に退職と認められませんので乙前社長への役員退職金は、損金算入できません。この点については、修正申告をお願いします。

乙相談役　なぜですか？　税理士の先生に確認して一定の要件を満たせば、取締役のままでも退職金を支給しても認められると聞いていたのですが。税理士の先生は、取締役であっても社長から監査役や相談役などに分掌変更が行われ、変更後の役員報酬が50％以上激減している場合には、退職として認められると言っていました。当社の場合、代表取締役から相談役に分掌変更されており、報酬金額も２０５万円から70万円と、まさに50％以上激減しているのですから、問題ないんじゃないですか。

調査官　御社の場合、乙前社長は代表取締役を退任して取締役相談役になりました。形式的には、分掌変更等による退職と認められます。また、月額報酬も２０５万円から70万円と50％以上激減しています。しかし、税理士さんのアドバイスの中に**「実質的に退職したと同様……うんぬん」**ということについてお話はなかったですか。

乙相談役　退職金の金額については、最終月額報酬×役員在職年数×功績倍率3というのが標準的ではないか、という話はありましたが、「実質的にうんぬん……」というのはあまり記憶にありません。

調査官　税理士さんからもお聞きかとも思いますが、甲社長と乙相談役に改めて役員の退職金について通達の趣旨をお話したいと思います。

法人の役員変更は対外的に大きな信用変化をもたらすことがあります。特に中小企業の場合、代表者の退任については対外的な影響が大きいところです。そのため、取締役として会長職や相談役として残留して対外的な安心感をもたらすことも重要なことだと思います。中小企業では事業の後継者が課題となっており、現役の代表取締役がなかなか退職することができず、退職するにしてもしばらくは後見していかなければならないなどの悩みを有しています。そこで、父は代表取締役を退職するが、しばらくは取締役会長や監査役等として息子の新代表取締役を後見して円滑な事業の引継を行うことがあります。

実務上の配慮として、代表取締役から会長や相談役など役員の分掌変更等を行って社長を継承することもありますので、分掌変更等が行われ報酬等が激減しており**「実質的に退職したと同様の事情」**にあるときに支給された退職金は、退職給与として損金算入することを認める取扱いが行われています。

御社の場合、調査によって事実関係を確認しますと、形式的には代表取締役から取締役相談役に分掌変更が行われていますので退職と認められます。しかし、乙相談役は、社長の隣に小さなデスクを配置して、日常の取引等に関しても営業で留守がちな甲社長の業務を代行して決裁をしていることが認められ、対外取引業者や金融機関の担当者も、主要な決定権は乙相談役が握っているとの認識を持っています。社内稟議書でも、相談役の決裁欄があって、乙相談役が承認印を押しています。銀行調査においても、銀行の担当者による稟議書にも「実質的には乙相談役との協議が重要」との記録もありました。甲社長さんにお聞きしても、総務事項や経理関係は疎くて、また、営業が得意であるため出張が多く、内部的な業務は乙相談役に負うところが多い旨回答されていました。こうした場合には、実質的に退職とは認められませんので、乙相談役に支給し損金経理をされた退職金５６０９万円余は損金不算入となります。修正申告をお願いします。

乙相談役　税理士からは、分掌変更と報酬の50％以上の激減があれば、退職として認められると聞いていたのですが、……調査官、何とかならないですか。

調査官　残念ながら、調査による事実関係から判断します。乙相談役は代表取締役を辞任したあとも主要な経営事項に携わっており、**「代表権は有しないものの、実質的に法人の経営上主要な地位を占めている」**と認められますので、退職には該当しません。

乙相談役　退職金でないとなると、どうなるのですか。

調査官　相談役は取締役ですから臨時的な賞与となります。「事前確定届出給与に関する届出」もありませんので、法人税法上、全額損金不算入とされ、乙相談役には、退職所得課税ではなく給与所得として源泉課税することになります。

乙相談役　エーーー。これは、税理士に対して損害賠償請求だ。

▼事件の顛末

本件は、退職慰労金を損金不算入として処理した修正申告書を提出した後、改めて退職慰労金5609万円余は、損金算入されるべきものであるとして「更正の請求」を行って争われた事件です。

地裁では「甲は代表取締役に就任した後、原告の経営に関する法令上の代表権を有してはいたものの、原告の営業以外の業務や組織管理等の経営全般に関する経営責任者としての知識や経験等を十分に収得して自ら経営判断を行うことができるようになるまでは、乙が、原告の経営について甲に対する指導と助言を行い、引き続き相談役として原告の経営判断に関与していたものと認められる。また、原告の幹部が集まる代表者会議に引き続き出席し、営業会議及び合同会議についても議事録の回付により経営の内容の報告を受けて確認し、10万円を超える支出の決裁にも関与していた。さらに、乙は、原告の資金繰りに関する窓口役を務め、甲に代わって来客への対応を行うなどしており、対外的な関係においても経営上主要な地位を占めていたものと認められる。」などが認定されています。そして役員報酬の変更は、乙が引き続き原告の経営判断への関与及び甲への指導助言を前提として定められたものと見るのが相当とされ、「報酬の減額の事実は、乙の役員としての地位又は職務の内容が激減して実質的には退職したと同様の事情にあるとまでは認められない」とされています。高裁も同旨で課税処分を認めて棄却しています。

◎参照判決等

・東京地裁　平成29年１月12日判決・棄却・控訴
・東京高裁　平成29年７月12日判決・棄却・上告
・最高裁（三小）平成29年12月５日決定・棄却・不受理・確定

▼税理士からのコメント

本来、役員の退職に際して退職金を支払った場合には、原則として損金の額に算入されますが、過大な退職給与や退職の実態が認められない場合の退職金は損金不算入とされています。また、株主総会等で当該役員に対して役員退職金の金額を決議して損金経理をした事業年度の損金とされます。しかし、調査官が述べているように企業の経営引継ぎには対外的信用などの継承が必要であり、実務上の取扱いとして通達に定めるような状況であっても実質的に退職したと同様の状況にある場合には、当該役員退職金の損金算入を認めています。

この通達の実質的退職とはどのようなことなのでしょうか。

法人税基本通達においては、退職後も取締役や監査役等として残留し完全に離職しない場合であっても、常勤役員が非常勤役員となるなど**当該役員の地位又は職務の内容が激変し、実質**

的に退職したと同様の事情にある場合に支給した退職給与については、**退職給与として取り扱うことができる**とされています（法基通9－2－32）。そのため、通達本文の文言を形式的に理解して退職金を支給した場合に思わぬところで損金不算入の課税処分を受けることがあります。

通達では、「実質的に退職したと同様の事情にある」ということについて常勤役員が非常勤役員になったこと、取締役が監査役になったこと、分掌変更後の給与が激減（50％以上の減少）したことを掲げていますが、形式的に要件を満たしていても実質的にその法人の**「経営上主要な地位を占めていると認められる者を除く」**としています。

そしてこの退職の特例について「経営上主要な地位を占めている」か否かは、例えば、次のような点に留意すべきと解されており、これらに該当するようであれば、実質的に経営に携わっている者と判断され、登記上や社内的にはともかく、税務上は実質的に退職した者とは認められず当該役員の退職給与は損金の額に算入されないこととなります（『会社税務釈義』令和5年2月・第3巻2047の64頁）。

① 取締役会や役員会、社内の各種打合せ会、会議に出席しているか
② 銀行との打合せに同席しているか
③ 取引先（得意先、仕入先、外注先等）との打合せに同席しているか

④　設備の購入、廃棄等の決定に関与しているか

⑤　人事（採用、異動、給与等の査定、表彰等）の決定に関与しているか

実態を伴わない形式的な退職は退職ではありませんので、退任した代表取締役の退職後における会社との関わりかたに十分留意する必要があります。

●役員退職金の損金要件のポイント

①　実質的に退職していること、基本的には取締役を辞任する。

②　役員在籍のままで退職する場合「形式基準」と「実質的基準」を充足する。

③　経営上主要な地位を占めていない。

第2章

従業員給与に係る課税事件

No. 6

外注費か給与かのトラブル

外注費が給与と認定され消費税の仕入税額控除が否認された課税事件

（経理社員から社長へ相談）

社員　社長、塗装工事の受注があると従業員を塗装作業に従事させていましたが、従業員だけで作業力が不足する場合には外注先に依頼して塗装作業を行わせていました。従業員に対しては、給与を支払い源泉徴収していましたが、X2年4月から健康保険及び厚生年金保険に加入する旨を説明したところ、現場従業員のうち甲及び乙は手取額が少なくなることから「外注先」としてほしい旨の申出があるのですが、どうしますか。

社長　本人がそう言うのであれば、現場の労働は変わらないし、給与計算も楽になるから下請けとして処理してあげてください。もちろん、現場監督に従って今までどおり勤務してもらってください。

社員　ということは、支払額の計算は、この作業員から作業に基づく内容や金額を記載した請求書を提出させて作業に対する報酬を支払い、消費税等の計算上は、外注費としての課税仕入れとし、仕入税額控除の対象とします。雇用保険や社会保険の対象者から除きます。また、所得税の源泉徴収や住民税の特別徴収もしないので、本人が、国民年金に加入するなど独立した事業者ということで対応してもらいます。所得税や住民税は自分で確定申告するよう伝えておきます。

（外注費処理をした申告後の税務調査）

調査官　ところで消費税の計算上、甲さんと乙さんは外注費として仕入税額控除を行って計算していますが、これは、給与ではないですか。

社員　違いますよ。専属下請けです。彼らは離職の手続きをし「雇用保険被保険者資格喪失確認通知書（被保険者通知用）」の交付を受けました。したがって、甲と乙からは、作業に基づく内容や金額を記載した請求書を提出させて、作業をもとに外注費として支払いをしています。甲及び乙は、当社には作業先ごとに、作業単価、作業時間等を記載した請求書を提出しています。

調査官　しかし、甲さんと乙さんは、以前は従業員として給与を支払っていましたね。なぜ、下請けになったのですか。何か変化があったのですか。

社員　本人達から独立したいとの申し出もあり、経理処理も楽になりますから、社長の承諾を得て下請けにしました。もちろん、今までの給与計算とは異なり、作業に基づく内容や金額を記載した請求書を提出させて作業に対する報酬を外注費として支払っています。

調査官　しかし、勤務実態を調査したところ、以前と同じく現場監督の指示の下で所定の時間の作業を行って仕事を終了しており、作業にかかる機材や資材などはすべて御社の用意した状況で作業を行い、作業ミスによる危険負担もなく会社の管理のもとで働いているだけではないですか。これでは従業員と変わらないですね。

社員　他の専属下請けも現場監督の指示を受けていますよ。彼らも同じで作業道具を自分で用意し、交通費も自腹で仕事に来ているのですよ。しかも、会社での社会保険は解除して、それぞれ自分で国民年金に加入し、年金掛金も税金も自分で自営業者として事業所得で確定申告しているのですよ。

調査官　しかし、調査によって事実関係を見てみますと、下請けにする前と後における会社と彼らの勤務関係、責任関係、危険負担など従来の勤務状況とあまり異なるところがありません。そして、下請けとした2年後、再び雇用者として勤務して給与を支払っているじゃないですか。２年間は社会保険や税金の確定申告は変わっていますけれど。これじゃ外注費ではなく給与です。

ら外注費ですよ。

社員　しかし、２年間は本人達の希望にそって専属下請けとして働いていたのですか

▼事件の顛末

地裁は、「事業所得とは、自己の計算と危険において独立して営まれ、営利性、有償性を有し、かつ反復継続して遂行する意思と社会的地位とが客観的に認められる業務から生ずる所得を」いうものとし、「給与所得とは、雇用契約又はこれに類する原因に基づき使用者の指揮命令に服して提供した労務の対価として使用者から受ける給付を」いうものであるとの判断基準を示しました。その上で、消費税法基本通達１－１－１「個人事業者と給与所得者の区分」の見解を受けて、非代替性、指揮監督性、危険負担、材料等の支給の観点から本件の支出金は給与等に該当し、課税仕入れには当たらないとして課税処分を認めて棄却しました。

◎参照判決等

・東京地裁　令和３年２月26日判決・棄却・控訴

・東京高裁　令和３年８月24日判決・棄却・上告、本件のほか、岡山地裁（平成21年４月14日判決・棄却確定）、東京地裁（平成19年11月16日判決棄却）、東京高裁（平成20年４月23日判決棄却）

最高裁（二小）（平成20年10月10日判決・棄却）など類似の事件があります。

▼税理士からのコメント

消費税法2条は**「課税仕入れ」の定義から「給与等を対価とする役務の提供を除く」**ものとしています。そのため、下請けに対する外注費か労務の対価の給与かによって、仕入税額控除ができるか否か、消費税計算上、大きく異なっています。下請けとして外注費とするのであれば、雇用関係を離脱したのち他社からの作業も受注しているなど独立した主体性を有することや作業の完成について責任を持っていることなどが必要でしょう。本件の場合、給与から外注費そして再び給与という取扱いになっていることから外注費ではなく給与の認定を受けています。しかし、下請けの状況のままで継続し、非代替性という独立性を維持し、危険負担を有している場合には外注費と認められたのではないでしょうか。

これまでの類似の裁判では四点から「給与等」と「外注費」を区別する基準が示されています。このことは、消費税のみならず、所得税法における「事業所得」か「給与所得」かの所得区分に影響するものであり、仕事の発注者による受託者であるのか、雇用契約に基づく労務の提供なのかについて四点から的確に区分しておきたいところです。

コラム　外注費か、給与か、判定ポイント四要件

裁判では、過去の最高裁における「事業所得」か「給与所得」かの区分判断をめぐって争われた事件の判定要素を述べています。「給与等」の該当性については次の四点からの認定事実に基づき判断しています。

①　**非代替性**　請負人は、注文者の承諾を得なくても仕事を下請人に請け負わせることができるが、労働者は、使用者の承認を得なければ、自己に代わって第三者を労働に従事させることができない（民法６２５条２項）。

②　**指揮監督性**　具体的な仕事の依頼、業務に従事すべき旨の指示等に対して諾否の自由があることは、「給与等」該当性を否定する重要な要素となる。他方、このような諾否の自由がないことは、一応、「給与等」該当性を肯定する要素の一つとなる。

③　**危険負担**　請負人は、請負契約が債務不履行により解除される場合においても、工事内容が可分であり、しかも当事者が既施工部分の給付に関し利益を有するときは、特段の事情のない限り、既施行部分について契約を解除することができず、既施行部分につき出来高報酬を請求できるが（最高裁（三小）昭56年2月17日判決）、当事者双方の責めに帰すことができない事由により引渡し前の完成品が滅失した場合には、報酬を請求することができない。これに対し、

雇用契約における労働者は、労務の提供に係る完成品が滅失しても、報酬請求権を失わない。

④ **材料等の支給**　据置式の工具など高価な器具を所有しており、これを使用している場合には、事業者としての性格が強く、「給与等」該当性を弱める要素となる。他方、電動の手持ち工具程度の器具を所有していることや、釘材等の軽微な材料費を負担していることは、「給与等」該当性を弱める要素とはならない。

No. 7

債務の確定に係るトラブル

使用人に対する期末未払賞与が損金不算入とされた課税事件

（社長と財務担当役員との期末賞与の会話）

役員　社長、そろそろ決算数字を固めたいのですが、期末賞与はどうしますか。

社長　各従業員について個別に査定してほしいんだが、どのくらいになる？

役員　各人別に査定したところを合計しますと、全部で８９３万円になります。当社は１月決算なので、１月末までに各人に周知しましょうか。

社長　慌てて知らせることもないが、業績がよかったので期末賞与を３月に支給する旨を従業員に周知しておいてください。

役員　承知しました。本年１月末の決算には８９３万円の未払賞与を計上して決算を確定させました。

（未払賞与計上後の税務調査、ほぼ終わり頃になって）

調査官　御社の今期の業績は大変よかったですね。数日調査を実施しましたが、経理状況は大変几帳面にされており、ご協力いただきありがとうございます。ところで最後に従業員への期末未払賞与の件で確認したいのですが、第一点は、決算月である1月末までに各人へ通知した記録、第二点は、進行事業年度における支払状況、第三点は、期末賞与の計算基礎及び損金経理の状況です。

役員　各人の期末賞与支給額は、表のように計算しており、全従業員に期末賞与が支給されることを周知しています。もちろん、申告直後の3月末には計上した未払賞与の金額と同額の賞与を全従業員に支給しました。しかし、各人別に個々の支給金額までは通知していません。やはりもらってからのお楽しみですから。

調査官　期末賞与の実際の支給日は3月末で、期末までに各人別に通知していないのですから、この未払賞与はこの決算期の費用には該当しません。支給した現在進行中の事業年度の費用となります。

社長　なんで未払計上した金額が費用にならないんですか。働いた年度の従業員にその働きに応じて決算賞与を支給するために決定した金額を計上し、支払いが3月になったからといってなぜダメなんですか。

役員　調査官、賞与引当金は廃止されたところでもあり、当該事業年度の労働の対価として収益費用対応の原則からいっても当然費用にすべきではないですか。

調査官　残念ながら御社の期末未払賞与については損金算入要件が満たされていませんので損金不算入になります。

▼事件の顛末

地裁は、法人税法が債務確定主義を採用しており、法人税法施行令に、使用人に対して支給する賞与は、原則として、実際に支給をした日の属する事業年度の損金に算入することとしつつ、その例外として、①その支給額を各人別に、かつ、同時期に支給を受ける全ての使用人に対して通知していること、②同通知をした金額を当該通知をした全ての使用人に対し当該通知をした日の属する事業年度終了の日の翌日から1月以内に支払っていること、及び、③その支給額につき前記通知をした日の属する事業年度において損金経理をしていること、の全ての要件を満たす賞与につき、使用人にその支給額の通知をした日の属する事業年度の損金算入と定めていると判示して課税処分を認めて棄却しています。

◎**参照判決等**

・東京地裁　平成24年7月5日判決・棄却・確定

類似事件：大阪地裁　平成21年1月30日判決・却下・棄却・控訴、大阪高裁　平成21年10月16日判決・棄却・上告、最高裁（一小）平成23年4月28日決定・棄却・不受理・確定

▼税理士からのコメント

使用人に対する賞与は、会計上、原則として支給した事業年度の費用です。戦後、シャウプ勧告や企業会計原則等の会計基準と法人税法の会計規定とはできるだけ相違点をなくすよう期間損益計算の考え方を法人税法も採用し、会計上の引当金を税法の中にも取り入れるようになりました。会計と税法の蜜月の関係を築いてきたところです。しかし、平成10年以降、会計ビッグバンといわれる国際会計基準に準拠した新たな会計基準の創設は、税法規定にも大きな影響を与えました。すなわち、会計の考え方が時価主義を大幅に取り入れるなど、税法固有の所得計算と相容れない基準が増えてきたのです。そこで法人税法も所得金額を独自に規定するところが多くなり、平成10年には製品保証等引当金及び賞与引当金が廃止され、平成14年には退職給与引当金、平成30年には返品調整引当金が廃止されました。賞与引当金は廃止されまし

たが、従来から使用人に対する賞与計上の会計慣行があり、賞与引当金の廃止に際して使用人に対する期末賞与の計上基準を明確に定めました（法令72条の３）。

●従業員未払賞与における三つのポイント

① **支給額の通知**：その支給額を、各人別に、かつ、同時期に支給を受けるすべての使用人に対して通知をしていること。

② **一月以内に支給**：その通知をした金額をその事業年度の終了の日の翌日から一月以内に支払っていること。

③ **損金経理**：その支給額を通知をした事業年度において損金経理をしていること。

したがって、事件のように決算期後1月を経過して支給したものはもちろん、一定基準によって各人別に賞与の金額を査定し、その支給も決算期後1月以内に支給していても、決算期末までに各人への通知がなされていない場合には、損金算入は認められないのです。つまり、通知がないということは、支給される従業員において受給権が確定していないので、法人としては**「債務の確定」**をしていないのです。なお、期末まで期末賞与の通知を行ったしても、通知を受けた従業員が決算終了直後に退職したため、その者に支給しなかったという場合には、その退職した者の未払計上額だけではなく、未払計上した期末賞与の全額が損金不算入となりますので、注意してください。各人別の通知要件は、債務確定の事実認定として重要な要素なので、各人が通知額を認識した旨の証拠を何らかの方法で保存しておく必要があります。もちろん、今日では、全員にメールのアドレスを持たせている場合には、各人別の金額をメールで配信した記録を残しておくことも一つの方法だと思います。いずれにしても、「債務の確定」がなされているか否かということが大切なのです。

No. 8

社会通念上というトラブル
従業員に対する豪華な海外旅行費用は給与とされた課税事件

（社長と経理係長の慰安旅行についての会話）

社長　係長、今期は大変に業績が良かったなぁ。これも偏に従業員の努力の賜だから、どんと派手に海外旅行を楽しんでもらってはどうだろうか。

係長　いいですね。今期はとても忙しかったし、ぜひ海外旅行に連れて行ってください。早速、旅行代理店へプランを依頼してみます。

社長　旅行には、私や従業員のほか、外注先の従業員や一人親方なども参加者に含めるように。確か全員で32名になるけど、費用は気にしなくてもいいから。

（後日、旅行代理店からプランが提示されて）

係長　旅行代理店によるプランは、中国及びマカオへ２泊３日で、８００万円となります。実施はX2年1月になります。1人当たり24万円余です。

社長　係長、このような費用は、税務上、どのようになるの？

係長　これは、従業員の慰安旅行ですから福利厚生費です。しかし、外注先や一人親方などの費用は交際費となります。社長は引率責任者で親方達の接待ですから社長の分も交際費になります。もちろん従業員分は福利厚生費として損金となります。

(海外渡航を終えて申告後の税務調査)

調査官　早速ですが、この事業年度では、社長さんをはじめ従業員、外注先、一人親方などと皆さんで中国及びマカオへ2泊3日で海外旅行に行かれたのですね。いかがでしたか。

社長　よかったですよ。やはり中国やマカオも随分と近代化しており、いい勉強になりましたよ。

調査官　ところで、ご旅行の費用処理ですが、社長さんをはじめ外注先、一人親方の旅行費用は交際費に計上され、従業員の分は福利厚生費に計上されていますが、旅行の行程と日数からすると1人当たり24万円余というのは、非常に高額な旅行費用ではないですか。

社長　そりゃー、若い方が友人と行く格安航空券でギリギリで出かける海外旅行と違って社員旅行ですから少し高いかと思いますが、従業員の頑張りがあってそれに報いるために実施するのですから、ケチケチした旅行では価値がないでしょう。心底楽しんでもらわなければ意味がないですよ。何か問題がありますか。

調査官　社長の気持ちは十分わかります。しかし、法人の福利厚生費として計上することはよいのですが、このような渡航先や日程から考えて豪華な旅行費用となりますと旅行をした各人に給与所得として課税してもらわなければなりません。臨時的な経済的利益ですから賞与として給与課税を行って源泉徴収税額を納付してください。

社長　せっかく楽しんでもらってから、税金をとるなんて、なぜなんですか？

調査官　給与所得者の場合、雇用者から経済的な利益供与を受けることがあります。給与としての支給額のほか、低廉な家賃の提供、制服の供与、通勤費の支給、昼食の提供などさまざまな便宜供与を受けることがあります。これらについて、野放図にすると、給与所得者に対する課税の公平が図られなくなります。そこで、経済的利益については**「社会通念上」**行われている程度のものは、あえて給与課税をしないものとしています。例えば、通常必要とされる旅費は非課税、通常の通勤経路による通勤手当について一定額は非課税、職場の業務上着用する被服費の非課税などを定めています。本件のようなレクリエーションの一環として従業員への利益供与については「社会通念上一般に行われていると認められる」費用について課税しないものとしています（所基通36－30）。したがって、今回のような豪華な海外旅行については、従業員に対して給与課税をすることになります。臨時的な経済的利益ですので、賞与扱いで源泉徴収をしてください。

▼事件の顛末

本件は、旅行費用のうち従業員に係る一人当たり24万円余（合計241万円余）の経済的利益について源泉徴収すべきとして課税告知処分を行ったことに対して、その取消しを求めて提起された事件です。

裁判では、本件旅行は、専ら本件各従業員ほかのレクリエーションのための観光を目的とする慰安旅行であったものと認められ、本件各従業員は、その使用者である法人から、雇用契約に基づき労務の対価として、本件旅行に係る経済的利益の供与を受けたものであるとしました。その上で、本件旅行の実施内容として「代表者は、宿泊先について、一流ホテルに一人一部屋で宿泊するという指示をするとともに、食事関係については、全6食を最高の食事とするという指示をし、……最高級のホテル……を宿泊先として選定する」など事実認定から、少額不追及の観点から社会通念上一般に行われている非課税とするレクリエーション行事に該当すると認めることはできないとして課税処分を認めて棄却しています。

◎参照判決等

・東京地裁　平成24年12月25日判決・棄却・控訴
・東京高裁　平成25年５月30日判決・棄却・上告
・最高裁（二小）平成25年11月８日決定・棄却・不受理・確定

▼税理士からのコメント

社長は、海外旅行をすると言っていましたが、かなり派手に実施したのですね。一般的に行われている福利厚生的なものであれば特に問題にならなかったと思います。この「**社会通念上**」という概念は、市民感覚でいうとなかなか実務的な線引きが明確でなく難しいところです。社会通念上相当な金額というのは、例えば、冠婚葬祭の金額を考えてみても、立場や時代によって変化します。いわゆるその時々の世間相場として考えるところでしょう。従業員の福利厚生事業においても世間一般で行われている程度と考えてみてはいかがでしょうか。事件となったX２年頃の中国及びマカオ２泊３日の旅行費用を推測すれば、超高級な旅行であったように思われます。もちろん国内旅行であっても超高級な旅行となれば、給与課税問題は生じるでしょう。

いずれにしても、数日間の国内旅行はともかく、海外旅行を福利厚生事業として行う場合には、旅行計画を事前に税理士に相談して事後の課税問題を生じさせないことが大切だと思います。せっかく楽しんでもらった後に課税されたのでは興ざめですからね。

コラム

海外旅行に対する国税庁の対応

最近多くなってきた福利厚生としての海外旅行について、国税庁は、一定のガイドラインを示していますので、参考にしてみて下さい（国税庁タックスアンサーNo.2603）。

従業員レクリエーション旅行や研修旅行について、「旅行の企画立案、主催者、旅行の目的・規模・行程、従業員等の参加割合・使用人及び参加従業員等の負担額及び負担割合などの旅行内容を総合的に勘案して、社会通念上一般に行われているレクリエーション旅行と認められるもので、少額の現物給与は強いて課税しないという少額不追及の趣旨を逸脱しないものであるものについて」給与課税しないこととしています。具体的には、旅行の期間が4泊5日以内である、旅行参加人数が全体の人数の50％以上などを例示しています。50％未満の場合でも認められることもあります。ただし、不参加者に対して旅行費用相当額を支給する場合には給与課税されます。また、役員だけで行う旅行、実質的に私的な旅行などは課税するとしています。

第3章

資産評価に係る課税事件

No. 9

株式譲渡に「みなし譲渡」というトラブル

株式を法人へ譲渡したとき、譲渡した個人にみなし譲渡課税された事件

（ある税務署の資産課税部門での会話）

調査官　統括、甲に係る譲渡所得を審査しているのですが、甲個人が有していたA社の株式をB社に72万5千株売却しているのです。しかも配当還元方式の1株75円で評価し譲渡所得の収入金額を計算しているのです。しかし、この株式は非上場会社A社の株式で、A社は同族会社なのでA社の決算内容も良く配当還元方式による評価はおかしいと思うのです。

統括官　それでは、実地調査を進めてください。甲さんは譲渡後死亡しており相続人による甲さんの譲渡所得申告の調査になりますから、国税通則法に従って適切に対応してください。

（相続人代表乙への調査）

調査官　相続人乙さん、今日は、亡くなられた甲さんがA社株式をB社に譲渡した譲渡所得に

ついてA社の株主構成やB社との関係や譲渡収入の計算基礎などを調査確認させてください。

相続人　甲は所有していたA社株式をB社に譲渡したのですが、直後に甲が亡くなったので、相続に関しても株式の譲渡についてもくわしいことはわからないので、税理士さんにできるだけ税金は安くなるように申告してくださいとお願いしました。くわしいことは税理士さんに尋ねてください。

調査官　先生、甲さんの譲渡所得の計算では、A社株式72万５千株を１株75円で計算しているのですが、甲さんはA社の代表取締役で同族株主ですよね。原則的評価方式によって評価されるのではないですか。

顧問税理士　甲所有のA社株式の譲渡所得の収入金額は、１株75円で計算しました。確かに甲さんはA社の代表者です。しかし、A社の株主構成を見てください。「同族株主のいない」会社なのです。甲さんはB社に株式を譲渡し、譲渡後の株式所有割合は本人８％と親族６・91％合計14・91％と15％未満の少数株主なので、A社株式をB社に譲渡するにあたっては配当還元方式で計算しました。その結果、１株75円と評価されましたので、その金額で申告しました。何か問題がありますか。

調査官　ご存じのように個人が法人に対して時価の２分の１に満たない金額で譲渡した場合には、時価で譲渡したものとして収入金額を計算して譲渡所得を計算します。甲さんはA社株式をB社に譲渡する前は15・88％所有しており、親族の持ち株も含めると22・79％という所有割合です。確かに譲渡後は甲さんは８％で少数株主です。しかし、A社の株主構成を見ますと譲渡前の株主の立場では原則的評価方式の類似業種比準方式で評価するべきなので、これによると１株２９９０円になります。したがって、１株75円は２分の１未満ですので、株式譲渡所得金額は17億２５３１万円余（１株２５０５円とする更正処分後）となります。

顧問税理士　それは乱暴じゃないですか。通達に従って株主判定を行って少数株主なので、配当還元方式で計算しているのですよ。

▼事件の顛末

甲（訴訟代理人は相続人乙）は、A社株式をB社に譲渡した後の持株割合が15％未満になり「同族株主のいない会社」に該当するとして、配当還元評価によって申告したことに対して、課税庁は、譲渡所得の収入金額の算定であるから譲渡直前の株式数によって判定すると原則的評価の類似業種比準方式によるべきとして課税処分をしたのです。

地裁では、課税庁の課税処分が認められましたが、高裁では逆転判決となり課税処分が取り消されたのです。最高裁は原判決を破棄し東京高裁に差し戻し、東京高裁の再審の結果、課税処分が認められ、納税者の敗訴となりました。

◎**参照判決等**

・東京地裁　平成29年８月30日判決・棄却・控訴
・東京高裁　平成30年７月19日判決・全部取消（納税者勝訴）
・最高裁（三小）令和２年３月24日判・原判決破棄・差戻し
・東京高裁　令和３年５月20日判決・棄却（納税者敗訴）

▼税理士からのコメント

株式の評価方法には原則的評価方法と例外的評価方法とがあり、会社の株主構成と株式の所有持株数によって適用が異なります。本件では、令和２年８月改正前所得税基本通達59－６(２)から(４)までの字句をどのように読み取るかという通達の解釈と適用を巡って二転三転した事件でした。理論的な詳細は割愛しますが、**相続人代表の乙はＡ社の株式をＢ社に譲渡した後の株式持ち分割合が少数株主に該当するから配当還元評価**となると解していたことに対して、**課税庁は譲渡所得の趣旨から譲渡する前の株式持ち分割合によって原則的評価方法**で評価すべきとしたのです。

最高裁では判決のほかに宮崎裁判官から個別意見が付され「最も重要なことは、当該通達が法令の内容に合致しているか否かを明らかにすることである。通達の文言をいかに文理解釈したとしても、その通達が法令の内容に合致しないとなれば、通達の文理解釈に従った取扱いであることを理由としてその取扱いを適法と認めることはできない。このことからも分かるように、租税法の法令解釈において文理解釈が重要な解釈原則であるのと同じ意味で文理解釈が通達の重要な解釈原則であるとは言えない。」として**通達の解釈においてもその適用対象となる法令に適合する解釈が重要であるとしたのです。**最高裁の意見に示されたように、納税者は、所得税基本通達の表記を文字どおり読みギリギリのところを適用した節税対策でしたが、最高裁は、所得税法の本旨に従い通達を理解すべきとしています。

個人が有する株式を個人へ譲渡する場合と法人へ譲渡する場合では、課税関係が大きく異なるので、株式異動は株式評価を行って、当事者関係を明確にして判断する必要があります。

●株式譲渡と譲渡価額によるポイント

譲渡者（個人）→ 取得者（法人）

時価より著しく低い価格で譲渡 → 取得者（法人）に対して受贈益課税

（時価の2分の1未満）→ 譲渡者（個人）にみなし譲渡課税

No. 10

株式譲渡に「みなし贈与」というトラブル

株式を低額で譲り受けた法人の株主にみなし贈与課税された事件

（ある税務署の資産課税部門での会話）

調査官　統括、R社（代表者甲）の決算書を検討しているのですが、有価証券の内訳明細書にこれまでに存在していなかったC有限会社の口数2万4千口が計上されています。このC社（代表者甲）の決算内容を検討すると資本金1億円の有限会社で不動産賃貸を行う同族会社で、甲が5口及び乙（甲の母）が4万7995口となっています。関係する会社間の取引であり乙の相続税回避の取引かも知れません。

統括官　それでは、実地調査を進めてみてください。国税通則法にしたがって適切に行ってください。

（R社及び甲への税務調査）

調査官　御社は多数の法人を有し内容も充実しており、大変結構なことと思います。ところで、今回は、代表者甲のお母さん（乙）がC社の持ち分をR社に譲渡されていることについて調査確認させてください。

代表者甲　母も高齢になってきたので所有する持ち分を生前に整理しておきたいとして譲渡してくれたのです。もちろんそれなりに株式評価して対価を支払っており問題はないかと思います。税理士さんにもいろいろと相談をして進めました。

調査官　御社の法人も多数でいろいろと株主関係もありますが、C社の株式評価も行いました。その結果、乙さんがR社に対して行ったC社出資口数の譲渡については、譲渡価格と時価が大幅に相違していると判明しました。R社へのC社の出資口数2万4千口は、時価19億4889万円余のところを9億4164万円余で譲渡しています。

したがって、この取引によりR社の株式価値は大幅に増加していますので、代表者である甲さんには、乙さんからの**みなし贈与**が発生していることになります。

甲社長　C社の出資持ち分を購入したのはR社ですよ。なんで、私個人に贈与になるのですか。

調査官　実は、相続税対策や贈与税対策として所有している株式を時価よりも安く法人に譲渡することがあります。基本的には、個人から個人への譲渡であれば、取得した個人が贈与税

〈図表〉乙持分のR社への低額譲渡による乙から甲へのみなし贈与

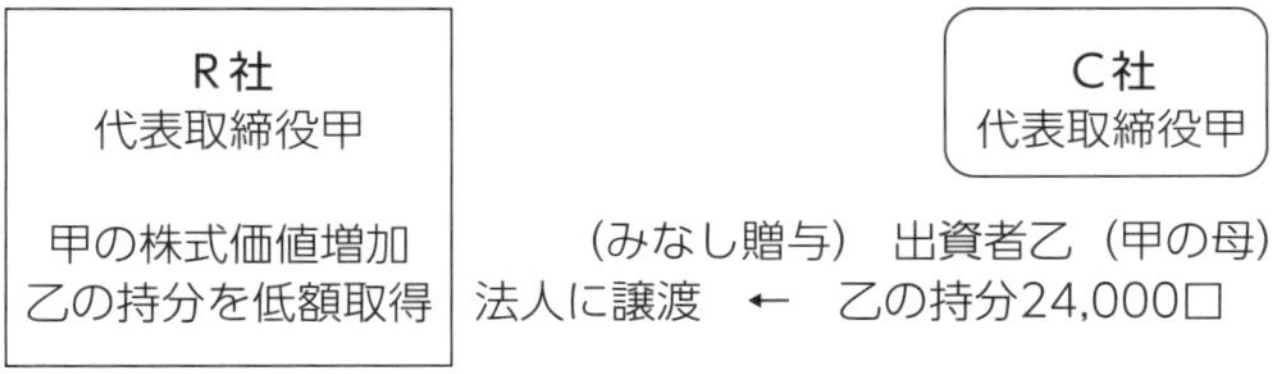

を負担するのです。しかし、今回のように、個人から法人へ時価よりも著しく安く譲渡した場合には、税務上の評価額と実際に売買した金額との差額が法人へ寄贈したということになり、法人に対する課税が生じます。このほかその経済的な恩恵は、株式を所有している株主が受けていることになるので、その個人に対して「みなし贈与」という課税問題が生じるのです。

甲社長　（少し怒りを込めて）しかし、私個人は、母（乙）から何ももらっていないですよ。R社がC社の出資持ち分を購入し、代金はR社から母の乙に支払ったのですよ。なんで、取引当事者でもない甲個人に贈与したことになるんですか。そんなバカな課税がありますか。

調査官　なかなか一般には理解しにくいところなのですが、贈与税は「贈与により財産を取得した個人」を納税義務者としています。この点は、ご理解いただけると思います。しかし、法人が「通常の事業活動」によって当該会社の株式価値が高まったとしても、一般的には、そのことをもって当該会社の株主が「財産を取得した個人」

ということになりません。法人は事業活動を行っているのですから、利益を得て株式価値が高まるのは当然です。ところが、相続税法は、本人が直接財産を取得していなくても**「対価を支払わないで、又は著しく低い価額の対価で利益を受けた場合」**には**「利益を受けた者」が「利益を受けさせた者」から「贈与又は遺贈により取得したものとみなす」**と規定しているのです。つまり乙さんからC社の持分をR社が時価よりも著しく低い価額で取得することを通じて、甲さんはその経済的価値の増加分の贈与を受けたということなのです。残念ですが、「みなし贈与」として贈与税の申告をしてください。

▼事件の顛末

本件モデルとなったR社（代表者甲、資本金35億円（同族会社）、従業員1650人）は、酒類食料品卸売業を営み、株式評価通達では大会社に該当します。この法人に対して乙が所有するC社（代表者甲、資本金1億円）の持分を譲渡したところ、時価より著しく低い価額で譲渡したので、乙から甲に対して3億8280万円余の贈与とみなされ贈与税1億8860万円余が課税されました。

判決は、相続税法の趣旨について**「贈与契約の履行により取得したものとはいえないが、関**

係する者の間の事情に照らし、実質的にみて、贈与があったのと同様の経済的利益の移転の事実がある場合に、租税回避行為を防止するため、税負担の公平の見地から、その取得した経済的利益を贈与により取得したものとみなして、贈与税を課税することとしたものである」と判示して課税処分を認めて棄却しています（本件の事実関係は複雑なのでR社の件に係るみなし贈与の要点のみを簡記しました）。

◎参照判決等

・東京地裁　平成26年10月29日判決・棄却・控訴
・東京高裁　平成27年４月22日判決・棄却・上告
・最高裁（一小）平成28年10月６日決定・棄却・不受理・確定

▼税理士からのコメント

事業承継では組織再編をはじめ株式譲渡などが行われますが、その場合、当該株式の評価額が課税上重要な問題となります。個人の株式を法人へ著しく低い価額で譲渡しますと、本件のように譲渡を受けた法人の株主へ「みなし贈与」課税が行われることもあります。税理士には事業承継の相談も多いことと思われますが、経営者は意外と株式評価額について意識していません。問題となった事件などを紹介して株式移動に注意を喚起する必要があるでしょう。

相続税法基本通達9－2では、受けた会社における「株式又は出資の価値増加」部分の経済的価値の金額を、行為者、つまり本件の場合、C社の出資者である乙から、R社の株主である甲へ経済的価値が移転したものを贈与とみなしているのです。

みなし贈与の具体的な行為には次のようなものがあります。

●みなし贈与のポイント

① 会社に対し無償で財産の提供があった場合
② 時価より著しく低い価額で現物出資があった場合
③ 対価を受けないで会社の債務の免除、引受け又は弁済があった場合
④ 会社に対して時価よりも著しく低い価額の対価で財産を譲渡した場合

コラム　**法人税申告書の資産課税活用**

現在の会社法には額面株式という概念がありません。純資産の部の金額を株式数で除して、１株当たり〇〇円という価値を測定します。ただし、税務上は、土地や建物などの資産、負債など税務上の評価基準（財産評価基本通達）によって算定しますので、決算書の金額だけでは判明しません。あくまでも税務上の評価額です。

しかし、税務署では、法人税の申告書が提出されますと、法人税の調査に活用することはもちろんですが、形式的に一株評価額を算定し、算定した株の異動数によって、譲渡や贈与の課税関係がないか否かの判定にも活用しています。法人税法別表二「同族会社等の判定に関する明細書」「判定基準となる株主等の株式数の明細」にも注視しています。

No. 11

「時価」とは何か、相続土地の評価トラブル

評価通達で評価した土地の相続に対して認定時価で課税された事件

（ある税務署の資産課税部門での会話）

調査官　統括！　この相続税申告書の不動産評価は異常じゃないですか。実子が三人もいるのに、わざわざ次男の子を養子とし、この養子がこれらの不動産物件を遺産分割で取得しています。土地や建物の評価も低いようです。これだけ財産があって相続税がゼロというのは、借入金によって不動産を取得して評価通達による評価額で圧縮したからです。借入金は、借入れした金額がそのまま債務として計上されますから……

統括官　確かに、相続税申告書の計算上は納税額がゼロだけど、土地や建物の評価は適正なのだろうか。被相続人は札幌在住でご高齢なのにあえて東京や川崎の不動産物件を取得して相続財産としているよね。この点、検討してください。

調査官　これらの物件を財産評価通達で評価すると、確かに通達どおりの評価となっています

が、何となく時価より相当低いように思われます。物件を管轄している東京や川崎に当該物件の実勢価格を照会してみます。

（物件の管轄税務署からの連絡）

調査官　統括！　やはりこれらの物件の評価については、通達の評価額と実勢価格とは相当開きがあるとの回答です。実地調査しますか。

統括官　やりましょう。国税通則法の手続きに従って、適切に事前通知を行ってから調査に着手してください。

（相続人代表らに相続税の税務調査）

調査官　ご高齢のお父さんが、なぜ、東京や川崎の高額な物件を借入金によって取得したのですか。

相続人代表　ご覧のように父には相当の資産があったので、いわば相続税対策として取得しました。一般に言われているように土地や建物は通達によって評価されるので、少しでも相続税を軽減できればと思いました。相続税対策の本にはよく書かれていますよね。

調査官　それにしても随分、実勢価格よりも低い評価額となっています。地元の不動産鑑定士による評価額とあまりにも違いすぎます。あなたが言われる財産評価基本通達には、「この**通達の定めによって評価することが著しく不適当と認められる財産の価額は、国税庁長官の指示を受けて評価する。**」と記述しており、評価額と時価とが著しく相違している場合には、課税の公平の観点から、実勢価格に基づく評価額で評価する場合があるのですが、ご存じですか。

相続人代表　難しいことはわかりませんが、相続税の申告は税理士にお願いしたので、税理士と話してください。

顧問税理士　調査官は、本件相続財産の評価額が実勢価格に比較して低いとのご指摘ですが、本件相続の申告にあたっては、評価通達の評価方法に従って適切に評価して申告しています。何か問題がありますか。

調査官　確かに、申告された土地や建物の評価については評価通達のとおりになっています。しかし、その評価があまりにも実勢価格と開きがあるのです。本件借入金によって取得した不動産について見ると次のようになっています。

物件の所在地	購入価額	相続時評価額	借入金額
東京都杉並区○○	8億円	2億5千万円	6億円
川崎市川崎区○○	5億円	1億5千万円	4億円

これらの物件はどのような経緯で取得したのですか。

相続人代表　父が以前からお世話になっているＡＢＣ銀行の担当者と相続について相談をしているとき、融資物件として紹介されました。担当者は、これらの物件についてもし購入するのであれば融資すると言っていました。

調査官　次男の子をご高齢の被相続人の養子として相続人にしているのはなぜですか。

相続人代表　それは、相続人が増えると基礎控除が増えると聞いていたのでその制度を適用したところです。他に意図はありません。以前は、10数人を養子として相続人数を増やした事件があったと聞きましたが、今は民法上はともかく、相続税法上は実子がいる場合に一人だけ養子にすることが認められているというのですから、これも相続税対策本に書いてありますよね。

調査官　本件取得の不動産物件をこの養子とした相続人に遺産相続させたのはどういう理由ですか。遺産分割協議においてどのような考え方があったのですか。

相続人代表　それは、今回の相続後、相続人が死亡すると再び相続財産として相続が発生するので、養子とした若い子が不動産物件を相続しておけば、年齢も若いので、次の相続まで期間が長いじゃないですか。これも相続税対策としていろいろな本で紹介されているので活用しました。

調査官　いろいろな経緯はわかりました。しかし、残念ながらこの相続税の申告はこのまま認めるわけにはいきません。不動産物件については、実勢価格に基づいて評価し直します。

顧問税理士　調査官、それは乱暴ではないですか。相続人は財産評価通達に基づいて適切に評価して申告しているのですよ。

調査官　先生、評価通達の総則に第6項という記述があることをご存じかと思いますが……

顧問税理士　それは知っていますが、本件の相続に適用するのですか。この第6項は、当該物件に特別な事情があって、評価通達によって評価することが妥当でないというときに適用するのではないですか。例えば、当該土地に災害や地盤沈下や土壌汚染などが生じていたときには評価通達では適切に評価し得ないですね。そのような場合にそれらの瑕疵を考慮するために適用するのではないですか。評価通達に従って適切に評価している物件に対して相続税対策をしているからといって適用すべきではないと思うのですが。借入金による不動産購入の相続税対策は頻繁に行われているじゃないですか。

調査官　このように借入金による購入物件の価額と評価額とが著しく相違するような本件相続について、このままの評価を認めることはできません。署内でも十分検討し、国税庁にも相談しますが、多分、評価額を認定して課税することになります。

顧問税理士　それでは審査請求を提出し、認められなければ、提訴して争います。

▼事件の顛末

本件は、納税者が評価通達の示す方法で財産評価して相続税の申告をしたところ、課税庁が、相続財産の取得価額と評価通達による評価額とではあまりにも実態とかけ離れた評価額になるところから、評価通達の６項を用いて鑑定評価額によって課税した事件です。納税者は、地裁において評価通達の６項は節税目的や租税回避の目的といった主観的要素に対して適用すべきではないなどを主張し、さらに高裁では、「特別の事情」については、その要件に該当する評価根拠事実を特定することができる程度の一般化した判断基準が示されていなければ、時価評価の予測可能性と法的安定性を害するなどを主張しましたがいずれも棄却されました。

相続税法の財産評価は、取得した財産の取得時の「時価」と定めており、時価とは当該財産の客観的な交換価値をいうものと解されています。実務的には財産評価基本通達によって評価しているところです。本件における原審の判決では「評価通達によって評価すると実質的な租税負担の公平を著しく不当な結果を招来すると認められるから他の方法によって評価することが許される」として鑑定評価額が客観的な交換価値としての時価で、申告評価額は著しく低く不当であるから課税処分は適法であるとしたのです。

これに対して最高裁は、①当該財産の取得の時における客観的な交換価値として時価を上回らない限り、同条に違反するものではないとしながらも、②課税庁が、特定の者の相続財産の価額についてのみ評価通達の定める方法により評価した価額を上回る価額によることは、たとえその評価額が時価を上回らないとしても、③**評価通達による評価が公知の事実である**から合理的な理由がない限り、平等原則に違反し違法というべきであるとして本件の原審の判断には違法があるとしました。

その上で、「**本件各不動産の価額について評価通達の定める方法による画一的な評価を行うことは、本件購入・借入れのような行為をせず、又はすることのできない他の納税者と上告人らとの間に看過し難い不均衡を生じさせ、実質的な租税負担の公平に反するというべきである**」と判示して、評価通達6項を適用する合理的な理由があるとしたのです。結局、納税者は敗訴となりました。

◎参照判決等

・東京地裁　令和元年8月27日判決・棄却・控訴
・東京高裁　令和2年6月24日判決・棄却・上告
・最高裁（三小）令和4年4月19日判決・上告受理・棄却・確定

▼税理士からのコメント

本件相続税申告の問題点は何だったのか、その背景には何があったのか、なぜ、通達どおりに評価したのに認められなかったのか、いろいろな見方があります。私見としていくつか掲げれば、最高裁は、原審の判決に対して相続税法22条の法令の解釈適用を誤り違法性があるとしました。つまり、相続税法の定める財産評価は時価、そのときの客観的な交換価値であると判示した上で、評価通達によって画一的な評価を行うことが実質的な租税負担の公平に反するというべき特別の事情がある場合には、時価によって評価できるとしたのです。そして最高裁は、その特別の事情として、「本件購入・借入れのような行為をせず、又はすることのできない他の納税者と上告人らとの間に看過し難い不均衡を生じさせ」ているような場合に実質的な租税負担の公平に反するので、合理的な理由があると判示しています。

本件のように90歳余というご高齢で余命幾ばくもない方が、特に評価差額が大きい物件を取得して間もなく死去したこと、相当の相続財産があるにもかかわらず、この相続税対策によって相続税額がゼロであったこと、わざわざ、次男の子を養子として当該物件を相続していること、しかも養子の子は相続税の申告直前に物件を売却して借入金を返済していることなど、最高裁においても許しがたい究極の節税対策と映ったのではないでしょうか。

しかし、例えば、40代の不動産投資家が借入金による不動産取得を行っていたときに、突然事故死となったときに、たまたま、評価差額が大きいと、直ちに特別の事情になるのか、となると疑問があります。

かといって、このような背景を知らずに相続税の申告の依頼を受けた場合に、税理士としてはどのように対応すべきなのかですが、評価通達によって評価せざるを得ないでしょう。そして、相続人には相続税対策を否定するものではないが、評価の原則は時価であり、一応、評価通達によって評価するが、評価通達には6項のような記述があること、過去には本件のように認定課税された事例があることを告知することが重要です。納税者には、購入価額と通達による評価額との相違など諸事情を十分に説明し理解を得た上で、納税者の判断において申告することになるのではないでしょうか。

しかしながら、本件の課税事件とその判決をめぐって、どの程度の相続税対策まで許されるのか、最高裁の判示する「本件購入・借入れのような行為をせず、又はすることのできない他の納税者と上告人らとの間に看過し難い不均衡を生じさせ」る事案となる境界線はどの当たりなのか実務的な疑問は残っていると思われます。

コラム　マンション評価に対する国税庁の対応

No.11は、タワマン（タワーマンション）事件ともいわれ、高層マンションの上層階の通達評価額と実勢価額との差が大きいと指摘されていたところを節税対策に活用したのです。他にも類似の相続事案も発生していました。そこで国税庁は、令和５年６月に「マンションに係る財産評価基本通達に関する有識者会議」を開催し、通達原案を公表しパブリックコメントを受け、令和５年９月28日に「居住用の区分所有財産の評価について（法令解釈通達）」を発遣し、令和６年１月１日以後の相続・遺贈又は贈与に適用するとしています。この通達の趣旨については、令和５年10月11日に「『居住用の区分所有財産の評価について』（法令解釈通達）の趣旨について（情報）」として公表しています。この評価通達では、当該マンションの築年数、総階数指数、占有部分の所在階及び敷地持分狭小度などによって評価乖離率を求めて基本評価額に乗じたものを改定評価額とするものです。これによって従来の相続税評価額と実勢価額との乖離が相当縮小されるとしています。具体的には、原則として地上３階以上の区分所有者のいるマンションに適用されます。

No. 12

「時価」とは何か、相続株式の評価トラブル

相続株式に認定時価で課税したが取り消された事件

（ある税務署の資産課税部門での会話）

調査官　統括、O社代表取締役の相続税申告書が提出されていますが、評価額は、一株8186円です。O社の株式評価が低いように思われます。調査しますか。

統括官　先般亡くなった方だよね。O社にはM&Aの噂も出ていた、ということは決算書の形式的な株式の評価よりも相当高額になっているのでは。実地調査してください。

（O社代表取締役の相続人甲に対する税務調査）

調査官　代表者がお亡くなりになった後で大変恐縮ですが、相続財産となっているO社の株式評価について確認させてください。

相続人甲　主人は、現在経営している会社を価値のあるうちに譲渡することを検討し、ある程

度の金額段階まで進んでいたのですが、急に亡くなりましたので、相続税の申告については、会社の顧問税理士さんにお願いしました。私はわかりませんから、税理士さんに聞いてください。Ｘ２年に申告したのにＸ５年の今頃になってどうしたのですか。

調査官　先生の作成された相続税の申告書では、Ｏ社の株式を決算書に基づき財産評価基本通達の定めに従って計算されているのですが、これでいいのですか。

税理士　何か問題がありますか。財産評価通達に基づいて株式評価をして算出した株式評価額は一株８１８６円です。

調査官　Ｏ社は、社長が生前のＸ１年１月16日にＶ社と、Ｏ社の株式をＶ社に売却・資本提携を前提とする秘密保持契約を締結し、同年５月29日に基本合意を締結していました。基本合意における一株当たりの価格は10万５０６８円です。

残念ながら被相続人は同年６月11日に死亡し、同年７月８日に遺産分割協議及びＯ社株式のＶ社への譲渡承認が行われました。このときの一株の譲渡価額は予定価格の10万５０６８円で譲渡契約が行われています。としますと、先生の計算された評価額ではおかしいのではないですか。相続財産としての株式評価は、財産評価基本通達による金額ではなく、Ｖ社との売却価額を斟酌すべきではないですか。

税理士　社長は契約途上で突然亡くなったのですよ。Ｏ社の株式をＶ社に売却したのは相続時

〈図表〉相続株式の取引経過図

自社株譲渡についてＶ社と協議
X1年１月16日　秘密保持契約
同年５月29日　基本合意
　　　　　　　譲渡予定価格：１株105,068円
同年６月11日　被相続人死亡
同年７月８日　遺産分割協議
同年７月14日　相続取得株式を譲渡：１株105,068円
X2年２月27日　相続税申告
　　　　　　　申告評価額：１株8,186円
　　　　　　　（評価通達による評価額）
　　：
調　　査
X5年２月28日　（株）XY作成
　　　　　　　株式価値算定報告書
　　　　　　　認定評価額：１株80,373円
X5年８月７日　更正決定

よりも後の話です。相続時の株式評価とＶ社への売却価額は関係ないでしょう。自然体で相続財産として株式評価すべきでしょう。

調査官　先生は通達に６項があることはご存じですよね。時価評価を見直して課税します。国税庁と検討した結果、Ｘ５年２月28日に外部の評価会社が作成した株式価値算定報告書における一株８万３７３円として課税します。

▼事件の顛末

地裁は、評価通達６項の適用について最高裁判決の「特段の事情」があるか否かについて詳細に検討を加え、「本件被相続人及び本件相続税その他の租税回避の目的でＯ社株式の売却を行った（又は行おうとした）とは認められな

い。」と認定し、特段相続税回避行為をしているような場合でない限り、「当該相続対象財産を評価通達の定める方法による評価額を超える価格で評価して課税しなければ相続開始後に相続財産の売却をしなかった又はすることできなかった他の納税者と比較してその租税負担に看過し難い不均衡があるとまでいうことは困難である。」などを判示し、納税者の主張を認めて課税処分を「全部取消し」としたのです。

◎参照判決等

・東京地裁　令和6年1月18日判決・全部取消し（課税庁控訴）
・東京高裁　令和6年8月28日判決・棄却・確定（納税者・勝訴）

▼税理士からのコメント

地裁では、特別の事情はないと認定して課税処分を取り消しましたが、課税庁は控訴しました。東京高裁は、令和6年8月28日判決において国側の控訴における主張を退け、本件被相続人または納税者らの行為に着目した場合に、他の納税者との関係で不公平であると判断する余地はないとして地裁判決を容認し、納税者の勝訴としました。

No.13

土地評価における一画地のトラブル

店舗と隣接の賃貸雑種地を一画地として課税したが取り消された事件

（スーパー店の社長と隣地農家との会話）

A社社長　甲さん、貴方の所有している当社スーパー店舗の真後ろの土地を駐車場用地として貸し付けてくれないだろうか。もちろん当店の土地と甲さんの土地とは明確に区分して駐車場整備をします。現在の駐車場では狭いので、店舗の裏まで駐車場にできれば有難いのだが。

甲　貸すのはいいけど、あくまで建物や構築物は建てないで駐車場として用いるのであれば、いいよ。農地から転用している雑種地だけど。

（貸し付けた後の固定資産税の課税通知には、雑種地が店舗用地と同じに高く評価されていたので、市の固定資産税の担当窓口へ）

甲　なぜ、私の雑種地がスーパーの店舗と同じ評価となっているのですか。

市の担当者　A社スーパーの店舗の土地の地目は宅地です。甲さんの貸し付けた土地はスーパーの店舗の土地と外形上連続しており、建物が建っていないという点を除けば現況において差異はありません。A社の土地の空き地だけでは駐車場として狭く、甲さんの土地を駐車場として利用する必要性は高い。A社土地の維持、効用を果たすために必要な土地であるから宅地と認められます。そのため一画地として同じ評価をしたのです。

甲　貸地は、A社の店舗と隣接している土地ですが、A社の敷地ではなく私の敷地であり駐車場としてA社に貸し付けているだけですよ。A社との境界にフェンス等の仕切りはありませんが、境界を示すコンクリートが施されており、建物などの恒久的施設もありません。なぜA社の土地と一画地として評価されるのですか。貸地を単独で評価したら正面路線価は２万円ですよ。A社の土地の正面路線価は７万円で、比較にならないくらい低いのですよ。貸地はいわゆる青空駐車場であり、用途の変更や、賃貸契約解除も容易で、A社の土地を通らなくても直接貸地に出入りできるので、一画地とすることはおかしいので、再評価してください。

市の担当者　貸地とA社土地とは、その形状、利用状況等からみて、一体をなしていると認められます。そこで画地計算法の「ただし書き」を適用したのです。土地の評価は、現実の利用状況を重視して行うべきものであり、所有者の異なる複数の土地についても、利用状況等により、その一体性が認められる場合には一画地として評価できるのです。

甲　市の固定資産税評価審査委員会に審査の申出をしたのですが、棄却されたので、訴訟で争います。

〈図表〉正面路線価の想定地図

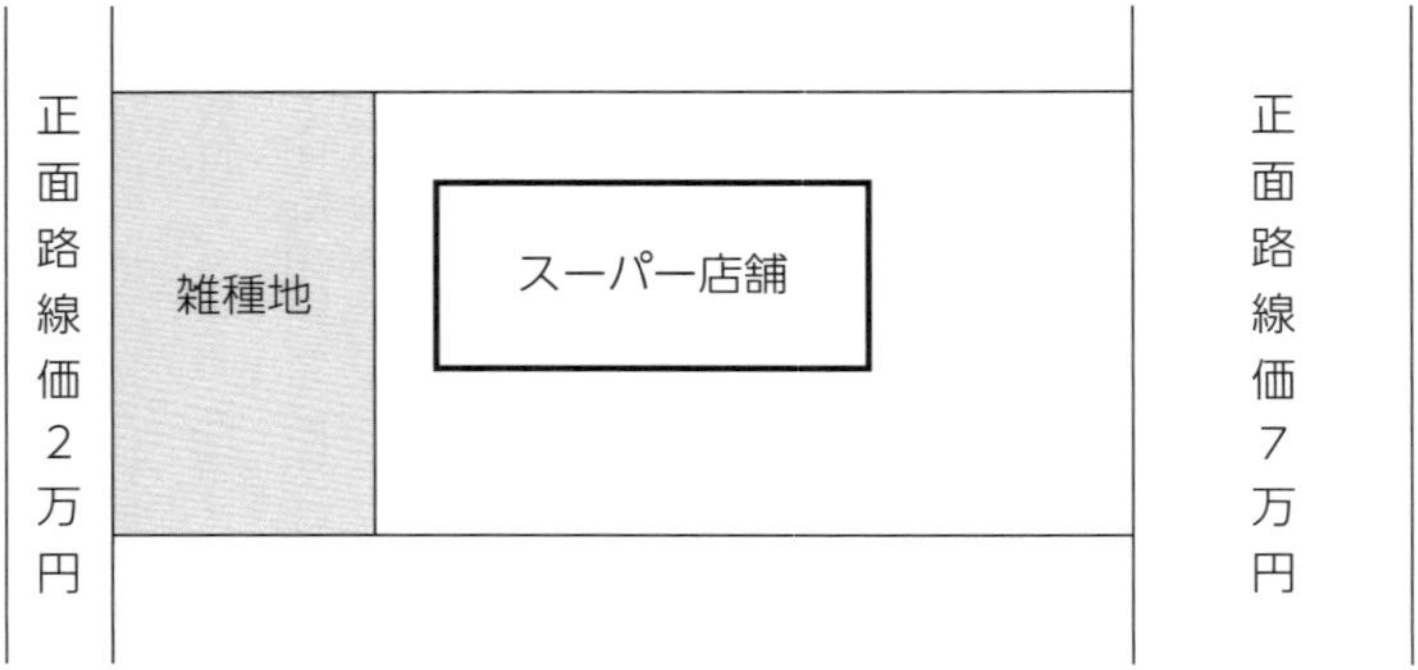

事件の顛末

本件は、課税庁が、店舗隣接の貸地の駐車場を、正面路線価の高い宅地の土地と「一画地」として評価基準を適用して評価したことに対して、納税者の所有する貸地は、隣接店舗の駐車場として貸し付けてはいるが独立の土地であるとして、一画地ではなく独立の土地として評価すべきであると訴えて認められた事件です。

地裁では、「評価基準の画地計算法によれば、画地の認定は、土地課税台帳等に登録された一筆の宅地を一画地とするのが原則とされる。」とし、ただし、「隣接する二筆以上の宅地を『合わせる必要がある場合』とは、隣接する二筆以上の宅地が一体として利用されているなど、その形状、利用状況からみて一筆の範囲を超えて一体をなしていると認められるだけでなく、各筆の宅地につき一筆一画地の原則を適用したのでは当該宅地の『適正な時価』、すなわち、客観的な交換価値から乖離する場合をいうものと解するのが相当」で、「その例としては、隣接する二筆以上の宅地にまたがり一個又は数個の建物が存在して一体として利用されている場合や、隣接する二筆以上の宅地について、それらの筆ごとに一個又は数個の建物があり、建物が一体として利用されている場合などが考えられる」と判示しています。高裁も、最高裁も同旨により課税処分は違法であるとして全部取り消しました。本件は、一画地の適用要件を的確に解した判決です。

◎参照判決等

・高松地裁　平成22年10月25日判決・全部取消し（課税庁が控訴）
・高松高裁　平成23年12月20日判決・棄却（課税庁が上告）
・最高裁（二小）平成25年７月５日決定・上告棄却（納税者・勝訴）

▼税理士からのコメント

固定資産税の課税をめぐる訴訟は多いところです。多くの固定資産税の納税者は、課税通知書によって納付し、評価について検討することは少ないようです。今後、固定資産税の通知があった場合には、「縦覧期間」に隣接する土地などの評価と比較検討してみる必要があるでしょう。

「縦覧期間」というのは、この登録された価格について、固定資産税（土地・家屋）の納税者の方が、その価格が適正であるか、他の土地・家屋と比較できる制度で、固定資産（土地・家屋）が所在する市町村において課税される土地・家屋の価格などが記載された縦覧帳簿を閲覧することができる期間のことです。

固定資産税は、当該年度の1月1日現在において所有者として固定資産課税台帳に登録されている者に対して市町村から課税通知書が通知されて納付する賦課課税《ふかかぜい》制度となっています。この固定資産の課税標準は、固定資産の価格であり、「適正な時価」をいうものとされています。この「適正な時価」というのは、固定資産評価基準に定める方法及び手続きによって市町村の固定資産評価員が評価を行い、市町村長はこの評価に基づいて固定資産の価格を決定することとされています。この「固定資産評価基準」は、適正な時価を求めるため専門的・技術的な方法及び手続きを定めたもので、固定資産の評価の適性化及びその評価の全国統一と市町村間の均衡化を図ることとしています。そのため、この固定資産評価基準は官報で告示され、市町村長は、これによって固定資産の価格を決定しなければならないとされており、法的拘束力を持っているとされています。そして固定資産税を課した市町村は、その価格等を決定し、固定資産課税台帳に登録します。

最高裁（（1小）平成15年6月26日判決）では「土地に対する固定資産税は、土地の資産価値に着目し、その所有という事実に担税力を認めて課する一種の財産税であって、個々の土地の収益性の有無にかかわらず、その所有者に対して課するものであるから、上記の適正な時価とは、正常な条件の下に成立する当該土地の取引価格、すなわち、客観的な交換価値をいうものと解される。したがって、土地課税台帳等に登録された価格が賦課期日における当該土地の客観的な交換価値を上回れば、当該価格の決定は違法となる。」と判示しています。

第4章

事実認定と解釈に係る課税事件

No. 14

研究支援費用の交際費等課税のトラブル

研究支援費用は、交際費等には該当しないとされた課税事件

（社長と研究部長の研究支援についての会話）

社長　弊社は新薬開発等を行って事業の新展開を図っており、研究者の研究貢献に負うところが大きい。当社に関係する研究者に対してはそれなりに研究支援をしているだろうな。

部長　弊社は医薬品の製造販売を営むので、医薬品等の研究者を支援すべく、研究者が作成した論文の英訳や添削の費用の一部を法人の経費として支出しています。研究者から一定の金額は受け取っていますが、実際にはかなりの支出超過となっています。

（税務調査の非違事項をめぐって）

調査官　御社の寄附金の中には英文添削外注費として多額の金額が含まれていますが、この研究者に対する英訳や添削の費用は、取引先に対するものであり、取引先と親密の度を高め、

取引を円滑にするために支出していると認められます。御社は法人税の申告時に寄附金として処理していますが、これは法人税法上の「交際費等」に該当します。寄附金は一部損金不算入ですが、御社は大企業なので交際費等の場合はすべて損金不算入となります。
ちなみに、これらの支出状況は次のようになっています。

事業年度	①英文添削外注費額	②英文添削収入額	③本件負担額（①－②）
X１年３月期	１億８０３６万円余	３５２３万円余	１億４５１３万円余
X２年３月期	１億５２３９万円余	４０７０万円余	１億１１６９万円余
X３年３月期	２億２８６５万円余	５３５８万円余	１億７５０６万円余

部長　研究者に飲食させたり、旅行させたりした費用じゃないですよ。なんで、このような研究者への学術研究支援の支出が「交際費等」になるんですか。よく考えてください。彼らの研究に少しでも力になれれば、ひいては日本の医薬品の発展に貢献できるんです。もちろん研究成果が当社に役立つものもあるかもしれないけど、必ずしもそうはならないかもしれない。君たちは何でも交際費等というのは非常識じゃないですか。

調査官　本件負担額の支出が、会社の医薬品の納品先である病院等に勤務する医師等に対して利益を供与しているじゃないですか。これは医薬品の販売に係る取引関係を円滑に進行する目的ために行われているのでしょう。「交際費等」とは、得意先等との親睦を密にして取引関係の円滑な進行を図るために支出するものですから。研究者が添削をしてもらって感謝しているということは必要ないのです。取引が円滑にいくような支出であれば交際費等なのです。

部長　いままでの調査でそんなことを言われたことはなかったですよ。交際費等について税法上の規定は「交際費、接待費、機密費その他の費用で、法人が、その得意先、仕入先その他事業に関係ある者等に対する接待、供応、慰安、贈答その他これらに類する行為のために支出するものをいう」となっていますよ。弊社が行った研究者に対する支援というのは、学術研究を支援するものであり、研究者を接待したり飲食させたりする供応の費用ではないので「交際費等」に該当するとは思えません。かといって、事業のための直接的な経費でもないので、販売費や一般管理費のような経費としては処理せず本人から受領した英訳や添削料と支出した英訳や添削料との差額は「寄附金」として処理しているのです。調査官が指摘するような交際費等の課税処分には納得できません。

▼事件の顛末

本件は、「萬有製薬事件」と称され、地裁では課税庁が交際費等とする課税処分が認められましたが、高裁では交際費等の法的意義を明らかにする解釈が示されて課税処分が取り消されました。交際費等に対する重要な解釈が示された事件です。

高裁では、英文添削の内容は、英語のネイティブ・スピーカーによる添削であり医学用語等の確認などが行われていたこと、英文添削の対象者は、国内の医科系大学などに所属する研究者であったが、大学病院等の医療機関はすべて法人の製造・販売に係る医薬品の取引先であったこと、また、依頼者の中には、研修医、大学院生、研究医等のほか医療に携わらない基礎医学の講師や海外からの留学生も含まれていたこと、などを認定しました。その上で、措置法の定める要件に従ってみると本件英文添削の差額負担の支出の相手方は、「事業に関係のある者」に該当すると判定しました。次いで、本件英文添削の金額は、それ自体を見れば相当に多額なものではあるが、その一件当たりの金額や、法人の事業収入全体の中で占める割合は決して高いものとはいえないこと、本件英文添削の依頼者は、主として若手の講師や助手であり、法人の取引との結びつきは決して強いものではないこと、その態様も学術論文の英文添削費用の一部の補助であるし、それが功を奏して雑誌掲載という成果を得られるものはその中のごく一部であることなどからすれば、本件英文添削の差額負担は、「**その支出の動機、金額、態様、効果等からして、事業関係者との親睦の度を密にし、取引関係の円滑な進行を図るという接待等の目的でなされたと認めることは困難である**」として棄却したのです。

そして、交際費等課税制度の趣旨に加え、交際費等に該当するためには、行為の形態として**「接待、供応、慰安、贈答その他これらに類する行為」**であることが必要であることからすれば、**接待等に該当する行為すなわち交際行為とは、一般的に見て、相手方の快楽追求欲、金銭や物品の所有欲などを満足させる行為をいうと解されると**判示し課税処分を取り消したのです。

◎参照判決等

・東京地裁　平成14年9月13日判決・棄却
・東京高裁　平成15年9月9日判決・全部取消し・確定

▼税理士からのコメント

交際費等への課税の淵源は、国家予算が厳しいときに企業において税金が課税されるくらいなら交際接待を大いにやろうという社用族による冗費節約を促進して企業の資本力を高めようとして創設されたのです。くわしくはコラムで（１０３頁）。

No. 15

実情を勘案しない交際費等課税のトラブル

豪華な「感謝の集い」が、福利厚生費と認められた課税事件

（社長と経理課長の会話）

社長　会社の構造改革も進み債務超過も脱したので、従業員のみんなの日頃の苦労に報いるため、全従業員を対象としてホテルを貸し切り、特別の料理を味わってもらい、プロの演奏家によるコンサートを実施し、大いに楽しんでもらおう。なお、業務日程の関係もあるので日帰りで実施しよう。

課長　これらの実施には従業員が１２００人余になりますので、費用は２千万円余になります。よろしいですか。もちろん、会計上は福利厚生費として全額損金処理します。

社長　当然だろう。

（懇親会終了そして申告後の税務調査）

調査官　御社は、ここ数年で、これまでの累積赤字を償却して借入金も完済され、急激に業績を伸ばし非常に優良な企業に成長されていますが、その秘訣はなんでしょうか。

社長　弊社の事業内容は社会的に非常に有用な商品を提供しているのですが、前任者の経営に問題があったんです。私が就任してからは、従業員に自信を持ってもらい「自分がされて嬉しいことを人にしなさい」など「当たり前のこと」を言い続けるとともに、「どこよりもよい商品をどこよりも安く作り、安売りをせず適正価格で売り切る体制」を整備したことだと思います。したがって、従業員にも日頃の労苦を癒やしてもらい、明日への活力となるよう思い切ったイベントを実施しています。業務上の制約もありますので年1回ですけどね。みんな大変喜んでいますよ。

調査官　ところで、従業員に対しても過剰な福利厚生は給与課税か、交際費等課税になるのですが、御社のように市内の著名なホテルの大宴会場を貸切りのイベント費用はいかがなものですか。確かに御社は従業員も多いのでそれなりに費用がかかると思いますが、1回で2千万円を超えるイベント支出は、課税すべき交際費等に該当すると思います。つまり、通達上では、社内の行事に際して支出される金額等で、創立記念日などに際して従業員等に一律に社内において供与される通常の飲食に要する費用や、慶弔禍福に対する費用は交際費等に含まれないものとしています。しかし、御社の実施したイベントは、１人当たりの１万２千円の午餐《ごさん》の特別料理やアルコール等の飲物が提供され、著名な歌手やピアノ演奏家等による歌謡・演奏のコンサートが催されるなど大きな規模で行われたもので、開演から終了まで４時間ないし４時間50分と比較的短い時間で行われた慰安行事に費やされた額としては極めて高額で、参加者１人当たり２万円余に上るプロの演奏家によるコンサートなので、これは社会通念上の福利厚生を超える支出で、従業員を対象とした交際費等に該当します。

課長　調査官、弊社のイベントは、提供商品の関係上、日頃休むことができず、年１回、全店、工場なども休業として、一堂に会し、従業員の人的交流、融和などを図るため実施しており、参加者も千人ほどであり、全従業員のうち70％以上参加しているのです。確かにホテルを貸し切って、特別料理を提供したり、プロの演奏家によるコンサートを実施していますが、１人当たりの費用にすれば、２万円余ですよ。単に支払金額の大きさだけで判断するのはいかがでしょうか。

調査官　会社が納得できないのであれば、課税処分を行います。

社長　課長が今回のイベントについて諸事情を縷々ご説明しましたが、ご納得が得られないのであれば、更正決定してください。裁判で決着をつけよう。

▼事件の顛末

会社は、「イベント」行事の開催に至る経緯等、つまり累積赤字48億円余など債務超過の状態であった会社を新社長は就任後わずか2年で黒字化させて従業員のモチベーションを高めるなどの効果を主張しました。

地裁は、本件の懇親会費用について、従業員の立場や勤務地の状況から実施可能で、かつ、費用や実施した際の効果を勘案して非日常的な演出を折り込み年に1回全従業員を対象として行われた「イベント」であり、社会通念上一般に行われる通常要する程度の福利厚生費であり「交際費等」に該当しないものと認定しました。

その理由について、「当該事業が福利厚生事業として社会通念上一般的に行われる範囲を超え、当該事業にかかる費用が社会通念上福利厚生費として認められる程度を越えているか否かについては、**交際費等の損金不算入制度の趣旨及び目的に鑑み、当該法人の規模や事業状況等を踏まえた上で、当該行事の目的・参加者の構成、開催頻度、規模及び内容、効果、参加者一人当たりの費用額等を総合して判断するのが相当**である」として課税処分を取り消しました。

◎参照判決等

・福岡地裁　平成29年４月25日判決・一部却下・認容・確定

税理士からのコメント

企業では一般的に福利厚生として各種イベントが行われています。冠婚葬祭への支出、国内外への社員旅行への支出など従業員間の交流や懇親を深めるため実施されています。その場合、福利厚生事業のイベントによる恩恵は、従業員が受けるので、給与とは別に、金銭の形を変えた給付となっています。したがって、基本的には、受益者である従業員への給与課税となるのが基本的な課税処理かと思います。しかし、社会全体において、福利厚生事業は行われているところであり、あらゆる受益相当額を算定して課税することが可能かと言えば、困難なところだと思います。

この点、社会的な状況を踏まえ、「社会通念上」行われている程度のイベントであり金額的にも社会的に相当な金額であれば、あえて課税せず、企業の福利厚生費用として認めることが必要だと思います。この点、交際費等の規定においても「専ら従業員の慰安のために行われる運動会、演芸会、旅行等のために通常要する費用は除く」ものとしているのです。また、通達でも、従業員等に係る経済的利益について少額不追及の例示をしながら課税か否かの線引きをしているところです。そのガイドラインは、**「社会通念上相当な範囲」**のものであるかどうか、ということになります。したがって、時代とともにその形態や金額は変化するものでしょう。

本件において調査官は、調査において開催場所、参加者、イベントの内容、金額の大きさからその背景や実態をよく吟味することなく交際費等の課税を主張したものと思います。地裁では、法人が主張した開催に至る経緯や会社の事業状態から日帰り実施しなければならなかった状況などを総合的に勘案して判決しています。

調査官は、調査を行ったときどれだけ多くの否認事項によって税額を増加させる、つまり増差を稼ぐ、という強い意識を持っており、実態を理解しようとしない者もいます。そのような場合には、本件事件のような判例を示して実施したイベントの経緯内容を含めて「社会通念上相当である」ことの理解を求めるべきでしょう。それでも課税を主張するのであれば、泣き寝入りをすることなく主張すべきです。指摘された支出に対して修正申告に応じなければ、課税庁が当該支出について交際費等に該当することを立証しなければならないのです。

●交際費等の判定のポイント

① 相手方　取引先、仕入先その他事業に関係ある者等

② 行為　接待、供応、慰安、贈答等による親睦の度を密にする行為の存在
③ 効果　相手方へ快楽追求欲や経済的利益の供与

コラム

交際費等課税の沿革と国庫主義課税

法人における交際費等は営業経費であるが、なぜ、損金不算入制度が導入されたのでしょうか。時代は大きく昭和29年（１９５４年）まで遡ります。この課税制度を導入するに当たって国会では次のような議論が行われていました。その趣旨は、昭和28年の国税収納総額８０８９億円という財政規模のときに、法人における交際費の支出が８００億円とも１２００億円とも言われるような支出状況に至り、いわゆる「社用族」と言われるような、社会的にも目に余る会社費用による交際接待の飲食などの実態に対して、租税政策の観点から、資本金５００万円以上（当時の法人数に対する割合3・9％）の法人を対象として3年間の臨時措置として設けられたのです。しかも、**主税局長がいみじくも国会の大蔵委員会で説明していたように「やはり会社が取引をする、それにはある程度交際費というものが……必要なものじゃなかろうか」**と述べ、「この際としては、一応昨年の7割程度までにとどめていただく、それを超える場合におきましては、その半額は損金に算入しない。こういう観点でやっていくべきじゃないか」。その結果、**導入当初の損金不算入金額は、前年**

度交際費支出の70%を控除した金額の50%を損金不算入としたのです。ただし、業種によって交際費等の金額に大きく相違があるため、支出交際費等からの控除額については、業種区分別に取引額の一定割合としていました。実態に応じたきめの細かい制度設計による導入措置でした。その後、交際費等の損金不算入規定は、改正の都度、損金不算入部分が大きくなり、遂に、昭和54年（1979年）改正によって、資本金基準による一定額の控除額を設けたものの、それを超える金額は全額損金不算入という、法人の経費の実態を考慮しない国家による暴力的な課税制度としたのです。これに対して平成7年阪神・淡路大震災などによる企業間の救済支援まで交際費等とするのかと実業界からの反発が強くなると、通達でこれらを交際費等から除くこととしたのですが、やはり、営業費用としての会食や交際接待は避けがたいところから、平成18年には一人当たり5000円以下の飲食を交際費等から除くように改正し、令和6年には一人当たり1万円に引き上げた上で、臨時措置は3年間延長されました。

このように当初は、臨時的3年間の時限立法とはいいながら、いったん制定された交際費等課税制度は今日までその課税対象を拡大しながら継続されているのです。税務調査においても法人があまり抵抗を示さず応諾する税務否認項目であるため、現状では法人のいろいろな費目から抽出して交際費等に該当すると指摘することが多いようです。しかし、交際費等課税の本質は前述したように社費を濫用する社用族のような無駄な不必要な支出を抑制するところにあったのです。税務調査において税務職員がいろいろな費目の中から交際費等であるとの指摘に対して、是非、制度の創設趣旨と東京高裁平成15年９月９日判決の要点③その行為の形態が、接待、供応、慰安、贈答といった「親睦の度を密にし、取引関係の円滑な進行を図るという接待等の目的」であったのか、税務職員に反論することも重要です。またホテルでの会食に伴ってビールを若干飲んだからといって「交際費」だとか、１万円基準が明示されたことから、一人当たり１万円を超えたからその会食は「交際費」だとかいう税務職員もいるでしょう。しかし、昨今の諸物価の値上がりなどや、取引先や会食相手の立場に応じてそれ相当にふさわしい会場での会食をすることもあるでしょうから、一律に一人当たり１万円基準とするのは時代に合わなくなってきているのではないかと思います。会食費についても交際費課税の本質に即して社会常識に照らして判定するようにしてもらいたいところです。

No. 16

「取得の日」のトラブル

機械装置は検査の完了によって引渡しが行われるとされた課税事件

（社長と財務担当役員との会話）

社長　常務、資金繰り等ご苦労様。工場には2億円投資した新たな物流システムが完成し、これで製品の配送も円滑に行えることになったな。

常務　お陰様で配送の物流は大変よくなりました。しかも今期の申告は設備投資による特別償却で法人税が節約され、消費税も還付となりました。社長もご存じのように消費税は設備投資をした課税期間に投資に対する消費税の全額が控除できるので、大きな還付を受けることができます。

（設備投資申告後の税務調査）

調査官　御社のお菓子は有名で売上も順調に伸びていますね。設備投資をした物流システムは順調に稼働していますか。

常務　お陰様で順調に稼働しており、出荷も円滑になりました。

調査官　ところで、御社の今期の決算では、物流システムの設備投資による法人税の特別償却を行い、さらに消費税は設備投資による還付申告となっています。この点に関する取引資料を確認させてください。

常務　契約はＸ２年６月に行い、総額2億円かかりました。消費税は別です。一応契約時の支払予定では、契約時30％、着工時30％、検収時40％としていました。実際にはＸ２年８月20日に発注しましたが、支払いは、同年12月10日と翌年１月10日にそれぞれ６４８０万円、Ｘ３年７月10日に８６４０万円を支払っています。契約上の納期は、Ｘ３年３月３日としていましたが、工事会社との検収書はＸ３年５月になりました。

調査官　そうしますと、今期Ｘ３年３月期の取得ではありませんね。

常務　しかし、契約上の納期は3月3日であり、システムの納入は予定よりも速くＸ３年２月20日の時点で本件システムの実務上必要な機能の動作確認を行い、２月、３月にはシステムを用いて製品の出荷の実績を上げていますよ。

調査官　それでは、システムを納入した工事会社へ調査に伺います。よろしいですね。

常務　どうぞ確認してください。２月に納入設置していますから。

（工事会社の反面調査を終えて、再び法人で調査）

調査官　常務さん。確かに納入設置は2月でした。しかし、工事会社の担当者によると、「当初計画では1月末までに設置を完了する予定でしたが、実際にはX３年2月20日に設置及び立会いを完了しました。そこで御社が求める性能を満たせば検収が受けられるものと考えていたのですが、試運転をした翌日以降不具合が生じ、御社が求める性能を満たさなかったことから検収に至らなかった。」と述べています。そして「同年3月及び4月にかけてシステムの不具合の調整や改善を行って、5月に入り、安定した稼働状況となったので、御社に検収をお願いして認められたことから5月27日に検収書の発行を受けることができた。」と述べていますよ。

そうしますと、御社がX３年5月に検収書を業者に交付したことと代金を7月10日に決済したという状況を勘案すると、システムの実際の納入はX３年5月ということです。申告していただいたX３年3月の事業年度における法人税法の特別償却や消費税の還付は認められません。

常務　しかし、先ほども申し上げましたように2月、3月にはシステムを用いて製品の出荷しているのですよ。

調査官　本件のシステムの導入は、いわゆる請負契約による物流システムの設置です。そうすると、御社が行った2月、3月の活用は試運転の段階であり、そのときには当初の予定した性能を出せなかった、ということですね。そのために、御社は検収せず、不具合の調整や改善を行って5月にようやく御社の納得いく性能発揮となったので、検収書を交付したのですね。つまり、このような設備の導入時には試運転を行い性能を確認してようやく納入ということになるのです。このとき「取得」したことになります。御社も契約時に当初予定した性能となったので、7月に残りの代金支払をしているじゃないですか。

社長　検収書の交付が5月だとか、決済が7月だとかいうけど、実際には2月にシステムは納入設置され、運用しているのだから、実質的に取得していることになるのではないのか。装置の運用状況を勘案して2月取得でいいんじゃないか。実務を杓子定規に考えてはいかんよ。

調査官　社長のご意見は承っておきますが、税務署としては法令に従って判断することになりますので、修正申告をしていただけなければ更正決定します。

事件の顛末

本件は、設備投資の特別償却を計上したＸ３年３月の事業年度では認められず法人税の所得金額５８８３万円余が加算され、設備投資に係る消費税の還付申告の減少額１５００万円余が更正決定されています。

裁判において法人は、実質的な使用実績から2月取得を主張しましたが、課税庁は請負工事契約の法的取得時期として「検収書」の確認等を展開して7月取得を主張しました。裁判では、税法の表記から、請負工事契約に係る民法上の法的所有権移転時期を早くとも「検収書」の5月、あるいは最終決済が行われた7月であって、3月決算時には取得していないものとして課税処分を認めて棄却しています。

◎**参照判決等**

・東京地裁　平成30年3月6日判決・棄却
・東京高裁　平成30年9月5日判決・棄却
・最高裁（一小）平成31年3月28日決定・棄却・不受理・確定

▼税理士からのコメント

法人税法上、減価償却資産については、取得し、事業の用に供しており、一定の償却方法による償却限度額以下の金額を償却費として損金経理をした金額の損金算入を認めています（法法31、法令13）。そして「減価償却資産の耐用年数等に関する省令」「別表二機械及び装置の耐用年数表」において設備の種類、細目の区分に従って耐用年数が定められ、法人税法施行令48条以降に減価償却方法を定めていますが、「取得」について特段の定めはありません。しかし、取得日は、減価償却資産の償却を行う起算日となる重要な概念です。減価償却資産の償却費については、「各事業年度終了の時において有する減価償却資産につき償却費として……その取得をした日及びその種類の区分に応じ、」（法法31）としています。つまり「取得」を前提としてます。したがって、本件会社において2月及び3月時点で性能確認して完了・引渡しを受けて、使用収益しながらも一部の性能について補充的な改善作業が5月まで行われていたというのであれば、会社の主張は認められたものと思われます。

ところが本件の事実認定では、本件機械装置の請負契約書及び覚書において「検収時に成果物の引渡しがあったものとする」旨が定められており、2月及び3月時点では不具合があり調整等が必要であるとして調整等を継続した結果、改めて、受注会社に対してX３年5月27日に検収書を交付しており、この時点で目的物の引渡しということになります。また、代金の決済も契約書に従い検収時から2ヵ月後に支払われている事実から、同年3月31日までには「取得」していないとする判決は妥当でしょう。

コラム　固定資産の取得の日と減価償却費の計上時期

❏固定資産の収益計上時期

法人税基本通達は、固定資産の譲渡に係る収益の帰属時期として「引渡しがあった日の属する事業年度の益金の額に算入する」として「引渡し等の日が法22条の2第1項（収益の額）に規定する役務の提供の日」に該当すると定めています（法基通2－1－14、2－1－21の7）。そして引渡しの日の判定は「請負契約の内容が建設工事等を行うことを目的とするものであるときは、その建設工事等の引渡しの日がいつであるかについては、例えば作業を結了した日、相手方の受入場所へ搬入した日、相手方が検収を完了した日、相手方において使用収益ができることとなった日等当該建設工事等の種類及び性質、契約の内容等に応じその引渡しの日として合理的であると認められる日のうち法人が継続してその収益計上を行うこととしている日によるもの」としています（法基通2－1－21の8）。

このように請負契約に係る収益計上には継続性を前提に実態に応じた合理的な方法を選択できるものとしています。

❏取得の日

一方、取得する会社では、発注した目的物の完成度を検収して確認の上、引き渡しを受けるのが一般的であり、引渡しの日の実態が問題となります。

この取得について、判示では、「取得」の時期はその原因行為による所有権移転の時期がこれに当たるものと解しています。そして、本件の請負契約による工作物の所有権が移転するのは、「機械装置等を設置すべき場所に物理的に設置するのみならず、当該機械装置をその使用目的に沿って使用することが可能な状態にすることが当然に予定されている」ことから、「単に、機械装置等が注文者の工場に設置され、注文者が事実上占有するに至ったというだけでは、請負人の仕事は完成しておらず、注文者において完成した目的物の引渡しを受けたものということはできない」としています。つまり、一般常識的に考えても、請負契約において、物理的形式的に機械装置等が完成し設置しても、当初の機械装置作成の目的を達成できなければ、引き取りません。つまり、本件の会社は、２月、３月の作業は出来上がった物流システムのテスト、試運転を行ったのであって、当初契約時に想定した性能が発揮しなかったから、不具合の調整や改善をさせたので、この段階では未完成であったのです。このように、請負契約の機械装置の取得については、納入時なのか、試運転を行って検収した時点で取得なのか重要な判定となります。

No. 17

「事業の用に供した日」のトラブル

固定資産の「取得の日」と「事業の用に供した日」とは異なるとされた課税事件

（社長が経理部長に太陽光発電について質問）

社長　部長、政府が推進している太陽光発電の政策だが、当社の太陽光発電所は完成して売電は始めたのか？

部長　ご承知のように、まず、X26年3月に経済産業大臣から認定通知を受けて、X27年8月に電力会社と系統のための契約を締結しています。そしてTK電線工業に発電所の工事を発注しX28年3月完成引渡しとして進めてきました。主な工事内訳は、発電所本体建設工事、発電設備、本体発電所を囲むフェンス及び門扉工事となっています。

社長　知りたいのは、その先の具体的な状況だよ。いつから売電を始めることになっているの？

部長　一応、本体の発電設備工事及びフェンス等の工事もX28年3月28日に完成し、X28年3

月31日にはすべて支払が完了しています。ただ、電力会社との系統連系の手続きや工事が完了したのが８月末で、X28年９月から売電開始となりました。

社長　X28年３月の決算書には発電設備一式が計上され減価償却も計上されているのに、売電収益が計上されていないから聞いたんだよ。ちゃんと、報告しなさい。

（太陽光発電を計上した年度の申告後に税務調査）

調査官　御社も太陽光発電を始めたのですね。売電はいつからですか。

部長　X28年９月から売電を始めました。

調査官　御社のX28年３月期の決算書には太陽光発電の設備一式が計上され、全額即時償却されています。しかし、太陽光発電設備ですから本来ならば売電が始まった時に即時償却となるのではないですか。ご承知のように太陽光発電設備も減価償却をするためには事業の用に供しているかどうかというところが大事です。

部長　太陽光発電設備そのものはX28年３月に完成し引渡しを受け、支払も完了しています。ただ、電力会社との系統連系工事や検査があったりして電力会社への電力供給が遅れただけです。設備そのものは３月に完成し引渡しも終わっており、その状態でいつでも電力供給可能な状態になっているので即時償却をしました。いわゆる稼働遊休資産でも償却できるじゃないですか。いつでも稼働可能な状態に整備している場合には。また、「賃貸マンションの場合には、建物が完成し、現実の入居者がなかった場合でも、入居募集を始めていれば、事業の用に供したものと考えられます。」とタックスアンサーでも掲示しているじゃないですか。

調査官　しかし、賃貸住宅の募集と太陽光発電設備とは違いますよ。太陽光発電設備は電力供給しての活用ですから、いったん電力供給をしたのち、メンテナンスのため電力供給を停止している状態とは異なります。系統連系の手続きや工事も完了していない状態では電力供給自体が始まっていませんよね。これでは、事業の用に供したことにはなりませんので、この即時償却の適用は系統連系の手続きや工事が完了したときに初めて適用になるのです。ですから翌事業年度の適用になります。

社長　調査官、太陽光発電は政府の重要政策だよ。当社もそれに対応してやっているところであり、先ほど部長が主張したように設備はテストも終えて、発電できる稼働可能な状態になっているのだからいいじゃないか。

調査官　ダメです。修正申告をしていただけなければ、更正決定します。

社長　部長、税理士に連絡して、訴訟の手続きを依頼しなさい。

（税務訴訟の手続き）

部長　先生、今回の税務調査で太陽光発電設備について更正決定を受けたので、社長から訴訟の手続きをしなさいと言われたのですが、先生、どうするのですか。ただちに裁判するのですか。

顧問税理士　部長、いきなり裁判はできません。税務の課税事件は、金銭債権の取立てなどの民事事件とは異なり、いきなり裁判所へは訴えられないのです。行政不服申立前置制度といい、税務の課税事件は、まず、「再調査の申立」や国税不服審判所への「審査請求」を行ってから、その裁決でも納得できない場合にはじめて裁判所へ訴えることになります。再調査の申立てというのは、課税処分をした税務署にもう一度調査をやり直してください、という手続きです。審査請求というのは、税務署とは別の国税不服審判所という機関へ課税処分を再吟味してもらうことなのです。どちらの方法でもいいことになっていますから、審査請求しましょう。

▼事件の顛末

本件は、太陽光発電設備について電力供給を開始したのが翌事業年度であることから課税処分を受けたことに対して、事業年度末までに取得し支払も完了していたとして審査請求をした事件です。審査請求において、太陽光発電設備については電力供給をしていないため事業の用に供していないとして課税処分を認めました。しかし「フェンス等は、隣地との境界を画するとともに本件発電所に対する不法侵入又は動物などによる侵害を防いで本件発電設備の財産的価値を維持するために設置されたものであるから、本件引渡日から、その属性に従って本来の目的のために使用を開始した」との会社の主張が認められ減価償却が認められました。つまり**フェンス等については、設置が完了したときから設備を保全しているから、事業の用に供しているとして**、納税者の主張を認めました。一部認容の裁決です。

◎参照判決等

・国税不服審判所　平成30年6月19日裁決・一部取消し

▼税理士からのコメント

本件は、会社が主張した太陽光発電設備の減価償却は、発電設備本体が発電し売電を開始したのが9月からなので、事業の用に供していないとして減価償却は認めらませんでした。しかし本体発電所を囲むフェンス及び門扉工事については、設備を保全しているからとして会社の主張が認められています。このように減価償却資産が**「事業の用に供する日」**というのは、その資産を取得する業種・業態・その資産の構成および使用の状況を総合的に勘案して判断するとされており、資産の有する特性等に応じて考えなければならないものです。賃貸マンションの場合は完成し引き渡しを受ければ入居可能ですので、入居募集を開始していれば事業の用に供したものとして考えられるのです。

太陽光発電は、原則は電気業用設備として15年で減価償却をします。しかし、平成25年に設けられたエネルギー政策の一環として設けられた特別措置によって、普通償却のほか、取得価額から普通償却を控除した残額を特別償却として損金算入できる、すなわち、取得価額の全額を取得時の事業年度に損金算入できるという特例でした。その後、急速に太陽光発電設備の設置が増大したので、平成27年からは太陽光発電設備はこの特例から除外されています。

なお、系統連系について工事費用を負担した場合は、繰延資産として15年で償却ができます。

ところで減価償却とは取得した資産を事業の用に供した日から開始されますが、機械装置等を休止している場合もあります。この場合、その機械装置等をそのまま休止して稼働予定がない場合には、減価償却は停止となります。しかし、その停止が一時的なものであり休止期間中であっても必要な維持管理が行われており、いつでも稼働できる状態にある場合には減価償却が認められます。

コラム　特別償却や税額控除制度の適用要件

中小企業者等が機械等を取得した場合には特別償却または法人税額控除制度が設けられています。この他にも特別償却や税額控除が認められる特例があります。このような特別償却等を適用している場合、税務調査において、必ず、その**「取得の日」**及び**「事業の用に供した日」**が確認されますので、これらの事実関係を明確に判明するようにしておく必要があります。また、取得した固定資産の種類によっては取得の日と事業の用に供した日が異なる場合もありますので、何時から事業の用に供したのか、特例適用の重要な判定要素となっています。申告手続きも重要ですから**適用別表の添付**を忘れないように注意してください。

No. 18

仕入税額控除時期のトラブル

消費税の仕入税額控除は建物の「引渡しの日」とされた課税事件

（社長と専務の決算対策の会話）

社長　専務、今期（X５年６月末）の６月28日に売買契約をした土地と建物について経理処理はどうなっている？

専務　土地は７２８０万円、建物７１４０万円（うち消費税等相当額３４０万円）の契約物件のことですね。契約日で土地建物を資産に計上し、１億４４２０万円は全額未払金として処理をしています。なお、代金は７月31日に全額を支払い、同日、土地と建物の登記手続きも完了しています。またこれらの物件の銀行の根抵当も同日に終わっています。決算では、消費税等について仕入れ税額控除を行い還付の申告をしました。

（土地建物を計上した後の税務調査）

調査官　社長の会社は、今期、新設分割子法人として初めての申告になりますね。短期間にいろいろと大変だったと思いますが、申告の課税期間には建物を取得され還付申告となっていましたので、消費税の処理について調査をさせていただきます。

専務　消費税について補足しておきますと、基準期間は新設分割親法人の課税売上高によって判定し課税事業者と判定しています。

調査官　御社の決算期は6月末です。この6月に取得された土地及び建物の契約書や支払状況を確認したところ、実際に取得されたのは登記の完了した7月31日となっています。しかし、消費税等の計算では建物に係る消費税等３４０万円を仕入税額控除されています。法人税法上の処理は問題ありませんが、消費税法上の仕入税額控除としては、まだ契約段階であり取得をしていないので、この分の控除はできません。したがって、還付は認められません。仕入税額控除ができるのは、翌年の６月期となります。

社長　（やや怒りを込めて）なんで、法人税法上はよくて消費税法上はダメなんですか。法人税や所得税の場合、土地や建物の不動産取引について、契約日による処理を認めているのに、なぜ消費税では仕入れとならないんだ。同じ税法で、何で取扱いが異なるんだ。

調査官　法人税法は所得計算であり、一定期間の益金と損金との差額を所得としています。固定資産の取得に関しては、契約日から取得の日まで一定の時間を要するのが通例であるため、会社の経理を尊重して柔軟に取り扱っています。しかし、消費税の計算に関しては「固定資産の譲渡の時期は、原則として、その引渡しがあった日」とされています。そのため、本件物件の引渡しの時期は登記が完了した７月31日となります。

社長　そんなバカな話があるか。法人税法上の処理ではよくて、消費税の処理では認められないなんて納得できない。

事件の顛末

会社は、所得税法や法人税法が「引渡しがあった日」と「契約の効力発生の日」のいずれの日を基準とするかについて選択可能性を認める形になっているので、消費税法上「契約の効力発生の日」を認めないと税法全体の統一的な解釈を妨げるので相当でないなどと主張しましたが……

地裁では、法令及び通達の解釈見解を述べた後、本件建物の売買契約においては、契約の締結日をもって所有権を移転する旨の明示的な合意は成されていない上、認定事実からすると当該当事者との取引は、本件建物の引渡日をもって所有権を移転する旨を合意していると認められるので、「課税仕入れを行った日」は売買代金を支払い所有権移転登記を行った日であるとして、課税処分を認めて棄却しました。

◎参照判決等

・東京地裁　平成31年3月15日判決・棄却・控訴
・東京高裁　令和元年9月26日判決・棄却・上告
・最高裁（一小）令和2年9月3日決定・棄却・不受理・確定

▼税理士からのアドバイス

確かに法人税法と消費税法の取扱いに相違があるのは、なかなか納得できるものではありません。固定資産の取得と譲渡について、法人税や所得税は、一定の期間を区切って所得金額を計算します。そのため、固定資産については、特に建物や機械など減価償却資産を取得した時、取得した事業年度で資産に計上し、耐用年数に従って減価償却費を計算し費用計上していきます。また、土地や建物の不動産については、契約から物件を取得するまで、取引当事者における手続きや代金決済、登記などに時間を要します。そこで、契約から物件の権利取得まで時間的な幅が生じますので、取扱い上も「契約の効力発生の日から、契約内容等に応じその引渡しの日として合理的であると認められる日」のうち法人が継続して採用している計上方法を認めることとしています（法基通２－１－２、２－１－14）。本件の会社では資産の取得と未払金の計上であり、建物も引渡しを受けて実際に使用開始しなければ減価償却費の計上はできませんから、所得計算の計算上は特に問題は生じません。

一方、消費税法は、課税資産等の譲渡等に消費税を課税し、課税資産等を仕入れたときに消費税を計算して、その差額を納税するという、課税資産等の移転時期を課税の時期としています。そのため、消費税法においても固定資産の取得に関しては原則として「引渡しがあった日」と定め、ただし書きで「契約の効力発生の日を資産の譲渡の時期としている時は、これを認める」としています。（消基通９－１－13）。この会社の場合、土地建物の売買契約において「所有権移転登記完了」と同時に代金を支払うこととしています。したがって、本件取引については、残念ながら、消費税法上の課税資産等の仕入れの時期は、所有権移転登記が完了した翌課税期間の課税仕入れとなります。

繰り返しになりますが、所得税法及び法人税法における固定資産の収益認識は一定期間の所得課税を背景として通達されているものであるのに対して、消費税の課税対象は「資産の譲渡等」という取引行為とされているので形式的に契約の効力発生の日に課税仕入れの計上を認めているものではありません。本法における課税対象の趣旨に照らして通達の読み方にも留意が必要でしょう。

なお、この事件は、新設分割法人で分割親法人の課税売上高によって課税事業者となっていたところ分割後20日間ほどの課税期間に５ｇ（グラム）という僅かな金（Gold）取引による課税売上割合１００％の状況を作出して行われた消費税の還付事件です。いろいろな節税策を講じることは重要なことと思いますが、法令や通達の表面的な字句を読み取って行われる極端な節税策（租税回避）は課税庁も放置していません。経営者としてはその取引が一般的な観点から見ても合理性があるか、妥当な取引なのか吟味してみる必要があるでしょう。

No. 19

固定資産税の特例適用もれのトラブル

固定資産税の軽減特例を適用せずに賦課された課税事件

（社長が同業者の会合で聞いた話）

社長　先日、同業者の会合において、固定資産税の間違いがあったといって某社長が怒っていたよ。係長、当社の固定資産税は大丈夫か。

係長　そうですね。固定資産税は法人税や消費税と異なり賦課方式なので納税通知書が送られ、その金額に従って納付するというのが一般的な対応です。しかし、先般の法人会の説明会において税理士も市町村における固定資産評価は、評価に対する専門性や担当者数も十分ではなく、評価実務が必ずしも適切に行われているとは限らないといっていました。

社長　それなら、なおさら、当社の固定資産税についても再検討する必要があるな。見直してみよう。

（ここ数年の固定資産税等の課税通知書を見直して）

係長　社長、X元年までは社宅用地について住宅用地の特例を適用していましたが、X2年度分から本年度分までは特例が適用されずに課税されていました。

早速、市町村の固定資産税課にその旨を指摘したところ、特例を適用して計算し直して過大となった税額については、還付金と還付加算金を還付するということとなりました。

社長　固定資産の評価については、縦覧期間とかなんとかがあるのでは。

係長　市町村は、固定資産の評価額について土地価格等縦覧帳簿及び家屋価格等縦覧帳簿を作成し、4月以後、納税者に縦覧しなければならないという縦覧期間があります。今後は、毎年、課税通知がきたとき、よく確認するようにします。

▼事件の顛末

本件のモデルは、被相続人の所有していた土地を相続した相続人が、その土地は住宅用地の特例の適用要件を満たす状況にあったにもかかわらず、特例の適用をせずに課税されていたことに気付き、長期にわたって過大納付していた固定資産税相当額の損害賠償金及び弁護士費用等の支払を都税事務所長に求めた事件です。

地裁では、当該都税事務所長は課税処分をするに当たり、「担当職員において通常尽くすべき職務上の注意義務を尽くしていなかったもの」と認定し、本件課税処分は、住宅用地の適用を前提とすれば固定資産税等の賦課徴収が認められていない納税額を通知し徴収した点において国家賠償法の適用を認め、所定の請求額を認容しました。

◎参照判決等

・東京地裁　平成27年10月26日判決・一部認容

▼税理士からのコメント

固定資産税等の課税についてはこのほかにも、小規模宅地の特例適用誤り、市街化区域農地の特例適用誤り、基準路線の適用誤り等、多数の課税事件があります。市町村における固定資産評価事務の実態は、定期異動で担当職員も交代するため固定資産税事務に精通している職員が必ずしも多いというような状態ではありません。そのため、固定資産評価が十分的確に行われているとはいいがたいところもあります。特に、小規模の市町村の場合、固定資産評価審査委員会もなく、職員が業務を引き継いだまま、前年踏襲で実施されていることもあります。

本件とは関係ありませんが、陳情による解決実例もありますので紹介しておきます。甲社は、

○町に所在する乙社の工場を数百万円で買い取り、従業員も引き続き雇用して業務を引き継いだところ、取得後の翌年、甲社に対して工場建物の固定資産税等として、乙社への固定資産税等と全く同額の数百万円の課税通知が行われてきました。乙社が取得した価額は新規取得時の金額をもとに経過年数を加味して算定していましたが、甲社の取得価額は耐用年数経過の中古資産であるため、○町へ課税標準の基礎を照会したところ、評価についての認識も薄く機械的に処理をしていました。そのため会社役員が○町を訪問し当該固定資産評価について再評価を求めたところ、事業継続による地域雇用も維持されていることなどから固定資産税等の免除となったのです。

固定資産税等は賦課方式であるため税理士も比較的認識の薄いところですが、ときには会社の担当者と固定資産税等の課税実態を確認してみることも必要ではないでしょうか。

No. 20

課税庁が租税訴訟中に課税処分を取り消した未判決のトラブル

非居住者のデリバティブ取引に課税したが訴訟中に取り消した課税事件

（X社長と顧問税理士との会話）

非居住者X　先生、先日、いきなり国税局資料調査課というところから調査があり、証券会社に委託して得ていたデリバティブ所得が雑所得に該当するので課税するというのです。根拠は所得税法１６１条（国内源泉所得）１号（著者注・平成26年3月31日改正前・課税事件当時の所得税法）に該当するというのです。

顧問税理士　X社長、それは例の証券会社に委託して行っていた株式指数先物取引による差金決済の利益のことですか。

非居住者X　そうです。先生はどう思いますか。先生は国税局調査部で調査していたんですよね。やはり申告漏れになりますか、どうですか。

顧問税理士　X社長は非居住者ですよね。日本国内に事業所を設けていませんよね。そうであれば、証券会社に委託して行った取引でありPE（著者注：Permanent Establishment：恒久的施設）を有していないのですから、161条1号の課税対象にはならないはずですよ。

非居住者X　先生、調査担当の方は納得しないのです。強行に課税処分するというので、先生、よろしく対応をお願いします。

（調査担当者に税理士証票と委任状を示して）

顧問税理士　X社長は非居住者ですよ。しかも、証券会社に委託して行った取引の差金決済所得であり、X社長はPEを有していないのにどうして課税になるのですか。その根拠は何処にあるのですか。このような課税を行うと条約に基づく国際課税上の大問題になりますよ。貴兄らの説明は根拠不十分です。

調査官　デリバティブ所得が雑所得に該当するのです。

顧問税理士　X社長はPEを有していないのにどうして課税になるのですか。

調査官　非居住者Xはデリバティブの資産運用しているので、……

顧問税理士　デリバティブの差金決済が資産運用なのですか。等々……

国税局の調査官は税理士の質問に対して納得のいく課税根拠や解釈を示すことができない

まま更正決定に及んだ。当然、Ｘ社長は顧問税理士に依頼して審査請求を提起しましたが、国税不服審判所でも根拠薄弱なまま棄却されたので、訴訟に及んだのです。

（税務訴訟における論争は省略）

顧問税理士　Ｘ社長！　私が審査請求で主張していたところを、さらに担当弁護士が法令の歴史的経緯などを詳細に調査して課税庁の主張に逐一反論してきたところ、課税庁は訴訟維持は困難と判断し、当初の課税処分を全額減額更正を行うというのです。訴訟を取り下げましょう。判決は得られなかったけれど実質的に勝訴です。課税庁も訴訟で課税処分の取消判決となることを避けたのでしょう。

◎参照判決等　本件は、訴訟を取り下げたため判決は出されていません。（TAmaster 2022.4.11参照）

▼税理士からのコメント

周知のように所得税における個人の納税義務者は、居住者、非永住者及び非居住者となっており、次のように定義されています。

① **居住者**とは、国内に住所を有し、または現在まで引き続いて1年以上居所を有する個人をいいます。そして居住者のうち、②の非永住者を除いた居住者は、全ての所得が課税対象となります。

② **非永住者**とは、居住者のうち、日本の国籍を有しておらず、かつ、過去10年以内において国内に住所又は居所を有していた期間の合計が5年以下である個人をいいます。この個人は国外源泉所得以外の所得は全て課税対象となり、国外源泉所得については国内で支払われた所得または国内に送金された所得が課税対象とされています。

③ **非居住者**とは、居住者以外の個人をいいます。この個人は、国内源泉所得のうち一定の限定された所得が課税対象となり、国外源泉所得は課税対象外となっています。つまり非居住者に対しては一定の国内源泉所得に課税される制限納税義務者となっているのです。その課税範囲は、非居住者が恒久的施設（ＰＥ）を有する場合はＰＥによる事業所得となりますが、ＰＥを有しない場合には資産の運用等による所得と区分して定めています。本件のX社長は、ＰＥを有せずに証券会社に委託して取引を行い決済差金を得ているだけですから国内源泉所得の課税対象にはならないのです。ところが、国内源泉所得の定めには「国内にある資産の運用又は保有により生ずる所得」（所法１６１条1項2号）とあるところから、この条文を根拠にデリバティブ取引による差金決済に課税しようとしたのです。

コラム　**課税処分を取り消した国税庁の対応**

本件の課税処分の取消しがあって、課税庁も平成27年10月に「国際課税原則の帰属主義への見直しに係る改正のあらまし」を発行して非居住者の課税関係を明確にしました。さらに令和４年度税制改正において、法令上も、国内源泉所得に含まれないことを明文化しました。

つまり、非居住者に対しては「国内源泉所得」について納税義務を課しており、この所得税法第161条第１項第２号では「国内にある資産の運用又は保有により生ずる所得」としています。この定義として所得税法施行令第２８０条第１項で具体的な取引を掲載しています。しかし第２項は、次に掲げるものは、所得税法第１６１条第１項第２号に掲げる国内源泉所得には含まれないものとする、として国内源泉所得の課税対象から明確に除外しています。従来はこの第２項に本件のようなデリバティブ取引が明記されていなかったのです。そこで同条第２項の第２号に「金融商品取引法第２条第21項に規定する市場デリバティブ取引又は同条第22項に規定する店頭デリバティブ取引の決済により生ずる取引」と定めて国内源泉所得の課税対象外になることを条文上明記したのです。

そして国税庁は令和４年１月に「クロスボーダーで行うデリバティブ取引の決済により生ずる所得の取扱い」をホームページに公開し、過去10年間遡って同様の課税事件について「更正の請求」を認める取扱いとしました。

第5章

申告・届出等に係る課税事件

No. 21

申告書発送手続きのトラブル

申告書を「ゆうメール」で送付し、期限後申告とされた課税事件

（税務署からの加算税通知について報告）

係長　社長、税務署から無申告加算税の通知が来ていますが……

社長　先月の法人税の申告書は、たしか3月31日ギリギリだったけど31日に提出し、同日に税金も間違いなく振り込んだ書類もあるはずだが……

係長　そうです。法人税等の税額は、午前中にネット振り込みの手続きをすませ、確定申告書は31日の午後「ゆうメール」で近くの郵便ポストに入れました。

社長　期限内に納付し申告書を提出したのになぜ、無申告加算税の通知が来るんだ。税務署の間違いではないのか、確認しなさい。

（係長は税務署へ電話で照会）

係長　（少々怒りを込めて）ＦＰ商事ですが、先月末に提出し納税した法人税５００万円の確定申告書に対して、50万円の無申告加算税の通知が来ているのですが、何かの間違いではないですか。弊社としては、先月末の31日の午前中に納税額をネット振り込みを行い確認していますし、当日直ちに「ゆうメール」で近くの郵便ポストに入れました。振込みの証拠もありますよ。

税務職員　係長さんが言われるように、確かに御社の納めた５００万円は３月31日に入金があります。しかし御社の提出された法人税の確定申告書は税務署に届いたのが翌月の２日なので、「期限後申告」となります。そのため、法定申告期限、つまり３月31日までに申告されなかった場合には、税金を納付したか否か、遅れた日数に関係なく、「無申告加算税」が、原則として法人税本税の15％が課税されることになっています。しかし、御社は自主的に納付されていますので10％の軽減が適用されています。

係長　（怒りを込めて）だって、期限内に郵便ポストに投函し、期限内に納税したんですよ。

税務職員　残念ながら御社が送付に使ったのは、日本郵便の「ゆうメール」ですよね。確かに投函されたのはあなたが言われるとおり31日に投函されているのでしょうけれども、この場合、投函された31日ではなく、その申告書が税務署に届いたときに申告があったこととされます。したがって、税務署が受け取ったのは翌月の2日ですから、期限後申告となります。

係長　（怒！）そんなバカな！　ちゃんと期限内に納めているんですよ。去年も今年もと同じように31日に郵便ポストで投函したのですよ。ちゃんと確かめてください。

（前年の申告事績を確認して）

税務職員　確かに昨年は、御社は御社の封筒に切手を貼って投函されており、31日の郵便日付印が押印されています。この場合、特例として、発信日付で申告されたものと取り扱うこととなっていますので、期限内申告とされていたのです。しかし、今年は「ゆうメール」ですよね。この場合には、税務署が収受したとき、つまり税務署に到達したときに提出されたこととして取り扱われることとなっています。

▼事件の顛末

本件「ゆうメール」による申告書提出は、平成24年の事件です。納税者は、平成17年郵便法改正によって「小包郵便物」が郵便法の適用除外となったところ、国税通則法に「郵便物」についての定義規定を置いていないので、郵便法における「郵便物」の範囲が当然に国税通則法における「郵便」及び「郵便物」の範囲を画《かく》することにはならないなどを主張したのですが、裁決では国税通則法22条に規定する**「郵便又は信書便」**とは、郵便法の規定による郵便会社が行った郵便の業務又は信書の送達をいうものと解されるので、郵便法上の「郵便物」に該当しない「ゆうメール」は「郵便又は信書便により提出された場合」に該当しないものとして課税処分を認めて棄却しました。

◎参照判決等

・国税不服審判所　平成25年7月26日裁決・棄却

▼税理士からのコメント

今日の郵便物等の発送方法には、一般郵便に限らず、定額配送サービスとして、日本郵便の「ゆうメール」や「ゆうパック」、佐川便の「飛脚メール便」などもあり便利になっています。何をどのような方法で送るか、いろいろ選択できます。係長は、昨年はいわゆる一般的な郵便物として封書で切手を貼ってポストから投函したのですが、今年は、手軽な「ゆうメール」を使っていました。国は、提出期限のある**「納税申告書その他国税庁長官が定める書類が郵便又は信書便により提出された場合には、その郵便物又信書便物の通信日付印により表示された日**

により提出がされたものとみなす」という郵便物又は信書便物について民法の例外として「**発信主義**」を適用しています。民法の意思伝達は、原則として「**到達主義**」なのです。しかし、税務署は全国に524署しかありません。そのため税務署から遠隔地の人々の利便性を確保するために郵便による申告書等の提出について、例外的に発信主義が認められているのです。郵便又は信書便については郵便法にその取扱いなどの詳細な定めがあります。「ゆうメール」は、「ゆうパケット約款」に定められている役務の提供であり、郵便法の「郵便又は信書便」に含まれていない業務なので発信主義の適用がないのです。

なお、日本郵便の「レターパック」には信書も同封することができ、取扱日付印も押印されることから、発信主義が適用されています。令和7年1月からは、申告書等の提出控えに対する収受日付印の押なつが原則として廃止されることから、今後は、電子申告をお勧めします。その場合にも、受信記録を出力しておくことが大切です。

●申告書等の送付のポイント

① 意思伝達の原則は、「到達主義」

② 例外は、郵便法の「郵便又は信書便（レターパックを含む）」の発信主義

コラム　**法改正による申告書等の取扱いの明確化**

発信主義の適用範囲については、平成18年の税制改正により、到達主義の原則を維持しつつ、納税者と税務官庁との地理的間隔の差異に基づく不公平を是正し、納税者の利便性の向上と円滑な申告などができる環境を整備するため、納税申告書等のほかに「国税庁長官が定める書類」についても発信主義が適用されるものとしています。したがって、「申告所得税の確定申告書」、「相続税の申告書」、「贈与税の申告書」、「法人税の確定申告書」、「消費税の確定申告書」などは従来どおり発信主義が認められています。この他告示で明記されている書類には、次のようなものがあります。

① 提出期限はありますが、ペナルティが課されていないもの

・「個人事業の改廃業等届出書」・「青色申告承認申請書」・「給与支払事務所等の開設・移転・廃止届出書」・「法人設立届出書」など。

② 提出期限はないものの、書類を提出した日を基準に税法の適用される期間又は期限が定まるため、納税者の意図する期間又は期限に税法の適用を受けるには、一定の期間内又は期日に提出する必要があるもの

・「消費税課税事業者選択届出書」・「消費税課税事業者選択不適用届出書」・「消費税簡易課税制度選択届出書」・「消費税簡易課税制度選択不適用届出書」など。

③　厳格に到達主義が適用される書類

・「差押換えの請求書」・「酒類・酒母・もろみの製造方法の申告書」・「租税条約に関する届出書」・「給与所得者の扶養控除等（異動）申告書」など。

特に、消費税の届出書に関しては期日の誤認等による課税事件も多く、提出時期と適用課税期間に注意する必要があります。

No. 22

納税したのに無申告加算税のトラブル

申告期限内に消費税額を納付していたが期限後申告とされた課税事件

（消費税申告書の提出遅れについて役員への報告）

財務担当役員　係長、税務署から照会があったというが、何だったんだ。

係長　実は消費税の中告書が提出されていないので無申告になっているというのです。急いで中告書は提出しましたが十数日遅れてしまったのです。

財務担当役員　消費税は２４７億円を期限内に納付していたのではないのか。

係長　それが、税額は期限内に納付していました。法人税は中告期限の延長手続きをしていますから6月末が中告期限となっているので消費税の中告書も同じと考えていたのです。消費税法（注）にはそのような中告期限の延長制度はないというのです。

（注）令和2年度消費税法改正において、法人税の確定申告書について提出期限の延長特例を適用している場合には、「消費税申告書申告期限延長届出書」を提出することによって法人税と同様

に一月延長できることとなりました。

（財務担当役員が税務署に連絡をして納付書で期限内にならないのか交渉）

財務担当役員　当社は納税金額については期限内に全額納付しており、納付書にも法人名や納付金額や税目など記載しているのだから、申告書として理解してもらえないだろうか。

税務署の対応　残念ながら、申告書が提出されていない以上、納付金額を納めていても申告したことにはなりません。申告書が法定申告期限を徒過しているので無申告となります。自主納付していますので、無申告加算税は５％（平成28年改正前通則法）で、12億円余を賦課決定します。

財務担当役員　それでは訴訟して争います。

▼事件の顛末

本件は「関西電力事件」と称された無申告加算税の事件です。事件発生当時の法律では、確定申告書の提出期限を厳格に解しており、法定申告期限を１日でも遅れた場合には、期限後申告となり無申告加算税が課税され、法定納期限内に納税していても申告書の遅れを救済できるような法律となっていませんでした。そのため、無申告加算税を課税された関西電力は、訴訟を提起したのです。そして裁判では、税金を納めるときの納付書に記載してある内容から申告書に代えて理解できるのではないかなどを主張しました。

しかしながら裁判では、納付書には年度、税目、本税、納期等の区分、住所、氏名が記述されているのみで、申告書のように基本的な課税標準や税率等による計算過程が示されていないので、いかように読んでも納付書をもって申告書に読み替えることはできないと判示して課税処分を認めて棄却されました。

◎参照判決等

・大阪地裁　平成17年９月16日判決・棄却・確定

▼税理士からのコメント

確定申告書には、課税対象の金額、所得金額の計算及び税額計算の過程が記されています。しかし納付書には、このような記載がありません。法令に従った判決です。その結果、このような事件に対応して救済するため平成18年度国税通則法の改正が行われたのです。

この改正では、①法定申告期限から２週間以内（平成27年改正で一か月を経過する日まで）

に申告が行われ、かつ、②納付税額の全額が法定納期限までに納付されているなど期限内申告書を提出する意思があると認められる場合には、無申告加算税を課さないこととしたのです。

コラム　どちらが大事？「申告」と「納税」

経営者等に対して一般的に「申告と納税のどちらが大事ですか」と尋ねると「納税」と答える方が多いです。しかし、重要なのは「申告」です。納税申告書（確定申告書等）というのは、例えば、法人である納税者が所得金額を計算した結果、法人税額○○金額の納税債務がありますという、税金の「債務確定」行為なのです。この手続きを怠って税金を納付しても、これは国としては、とりあえず預かっておく金員であり、法人税や消費税の納付金額ではありません。国としては、申告書が提出されて納税債務が確定したときに、この意味不明の預り金員を納税債務に「充当する」ということなのです。したがって、申告と納税の関係では、まず、申告書の提出による納税債務の確定手続きが重要なのです。申告期限内に申告書が提出されていれば「無申告加算税」が課されることはありません。ただし、実際の納付が法定納付期限から遅れた場合には、日割り計算の利息に類似した「延滞税」（損金不算入）が遅延納付に対するペナルティーとして課税されますが、いきなり本税額の10％などということにはなりません。

納税者感情としてみると、期限内に納税しているのだから、申告書の提出が数日遅れても良いじゃないかと考えがちですが、税金の債務は、確定申告書の提出によって確定し、その上で、納税なのです。

❑ 事件の発生と国の対応

関西電力事件のような巨額の「無申告加算税」の課税事件が発生したことにより政府も寝覚めが悪かったのでしょう。これまで数々の無申告に対する課税事件について、当然のこととして無申告加算税を賦課していたところですが、関西電力事件後、期限後申告に対する無申告加算税について平成18年（２００６）国税通則法改正によって、納期限までに納税しているなど一定の要件のもとで期限内申告書を提出する意思があった場合には、「無申告加算税」を課さないことができるものとしました。また、令和2年（２０２０）には、法人税において申告期限延長制度を適用している場合には、消費税においても申告期限延長制度を適用できるように改正しました。

❑ 税法と国民の権利

憲法30条には国民の納税の義務が、84条には租税を課すには法律によること、すなわち「租税法律主義」が掲げられています。つまり国民の選んだ国会議員が国会において立法することで課税が行われるのです。法が施行されれば国民に納税の義務が生じます。この事件のように社会的に大きな問題が生じれば国会の議論によって税法も改正されます。税法は国民にとって重要な法律ですが、多くの立法は、財務省主税局を中心とする霞が関で立法原案が作成されています。国会議員は税法の施行における問題点を深く認識していないところも多いと感じます。国民生活に密着する法律なのですから、具体的により深く議論して立法してもらいたいものです。現行の税法に問題点があれば大いに訴訟し健全な税法にすべきではないかと思います。本件の事件も訴訟になったから世間の耳目を集め法改正の機運が生じたのではないでしょうか。また、訴訟にならなくても問題点を感じたならば、国会議員に働きかけて改正させることが重要だと思います。国会議員に意見をいうのは国民の権利です。

No. 23

「別表」添付漏れのトラブル

所得拡大促進税制は別表添付漏れのために控除できないとされた課税事件

（社長から申告について課長への質問）

社長　課長、今期の法人税の確定申告は無事終わったようだが、税額控除はどのくらいになったのか。

課長　所得税額控除は10万円ほどになっています。配当金がありましたので、受取利息の所得税額と合わせて10万円ほどになっていました。

社長　そうではなく、先般、同業者の会合で、ある社長から「君のところは今期相当良かったじゃないか。従業員にも相当弾んで上げたのではないのか。給料を増額したら税額控除ができるんだって、うちの税理士が言っていたけど……。」と聞いたんだ。確かに今期の見通しも良かったし、従業員も頑張っていたので、相当給料をアップしたよな。課長。

課長　ハイ。ずいぶんとベースアップしていただきました。

社長　さっき聞いたのは、その給料が増加した場合に税額控除ができるということだが、当社の確定申告ではどのくらい税額控除できたのか。当期の人件費は２０００万円ほど増加しているのだけど。

課長　？　申告書には所得税額控除のほか、そのような税額控除はありませんよ。

社長　利益も大幅に増加しているし、そのなんとかいう税額控除ができると思うのだが、税理士の先生に確認してみなさい。

課長　税理士の先生は、以前、電話で税額控除をどうするかと私に聞いたときに、私が、特にいつもと同じでとしか答えなかったので、所得拡大促進税制の税額控除は適用していないとのことでした。

社長　それはおかしいじゃないか。その特例の税額控除の適用ができるかどうか、指導するのが顧問税理士の仕事じゃないか。税理士の先生にこれからでも適用するようにやってもらいなさい。

（課長が税理士に連絡して）

顧問税理士　社長、確定申告書の際には、所得拡大促進税制の税額控除を適用していませんでしたので、税額控除してもらうよう「更正の請求」を提出することにしました。押印をお願いします。電子申告しておきます。

（電子申告をしてしばらくして税務署から電話）

税務職員　先生、ＡＢＣ物産の「更正の請求」を提出されていますが、この更正の請求理由は、所得拡大促進税制の適用による税額控除ですね。

顧問税理士　そうですが、なにか？

税務職員　ご承知かと思いますが、この税額控除の特例は確定申告書のときに適用する旨の申告がなければ適用できないのです。したがって、この「更正の請求」は取り下げてください。

顧問税理士　単なる税額控除の適用漏れですよ。ダメなんですか。

税務職員　この税額控除は措置法上の特例の税額控除なのです。申告要件になっていますので、「更正の請求」では認められません。

顧問税理士　すみません。社長、所得拡大の税額控除は、「更正の請求」では、認められませんでした。

社長　先生が言っていた「更正の請求」で、ダメであれば、先生の指導ミスではないですか。課長に概算させると増加額の15％、３００万円も控除できるということじゃないですか。これは、先生の指導ミスなので、当社から先生に対して損害賠償請求します。

▼事件の顛末

課税庁は、確定申告書に租税特別措置法の税額控除規定による控除の対象となる雇用者給与等支給額増加額、控除を受ける金額及び当該金額の計算に関する明細を記載した書類の添付がないとして、いずれも「更正の請求に対してその請求をすべき理由がない旨の通知書」の通知処分を行いました。納税者はこの処分の取消しを求めて提訴し、最高裁まで争うも敗訴しました。

地裁は、本件の税額控除規定を述べた後、この規定は、「確定申告書等、修正申告書又は更正の請求書に控除明細書の添付がある場合に限り適用する旨を規定し、また、後段において、この場合において、同項の規定により控除される金額は、当該確定申告書等添付された書類に記載された雇用者給与等支給増加額を基礎として計算した金額に限るものとする旨を規定している。」、そしてこの「確定申告書等」は、中間申告書及び確定申告書をいうものであることが明らかであると解して通知処分を認めて棄却しています。

◎参照判決等

・東京地裁　平成28年7月8日判決・棄却・控訴

・東京高裁　平成29年１月26日判決・棄却・上告
・最高裁（三小）平成29年10月３日決定・棄却・不受理・確定

▼税理士からのコメント

税理士においても間違いが生じることはあります。しかし、本件のように従業員給与が大幅に増加しているのに対して税額控除の適用を失念するのは不勉強です。少なくとも、制度の概要について会社に説明して適用になるのか否かの基礎計算を求めておく必要はあります。その段階で会社が適用しないのであればやむを得ませんが、後日からでは適用できないことも知らせておくべきでしょう。税法は毎年改正されるので、注意深く勉強していないと思わぬ落とし穴にはまります。

税理士は日々研鑽しなければなりませんが、経理担当者もいろいろな税情報に接しているなかで、自社で適用できそうな事項があれば、顧問税理士にどんどん質問をぶつけて少しでも節税できる申告が行われるよう連絡を密にすることが大切です。

コラム　二つの税額控除制度とその相違

税額控除には「制度的な税額控除」と「特例適用の税額控除」があります。

①　制度的な税額控除

法人は、本来、所得税の納税義務がありません。しかし利子等や配当等の支払者には源泉徴収義務が課されており、これらが生じた時、受取人が個人でも法人でも一律に源泉徴収をして納付します。そのため、法人にとっては納税義務がないのにもかかわらず源泉徴収されているので、この金額は法人税額から控除するという税額控除です。外国税額控除も同じです。この場合の税額控除は、確定申告書で控除することを忘れていても、その後、「更正の請求」でも控除することができます。

②　特例適用の税額控除

問題となった所得拡大促進税制による税額控除というのは、租税特別措置法上の特例税制なので、その制度を適用するか否かは申告時に適用の意思を明らかにするという手続きが適用要件となっています。つまり、税額控除の可能額を計算して別表を添付することになっているのです。そのため、後日、適用漏れが判明しても「更正の請求」では認められません。この他「中小企業者等が機械等を取得した場合の法人税額の特別控除」もありますが、これは、特別償却と税額控除の選択的な適用なので、やはり申告要件となっています。

No. 24

「開店・開院・開設」と「開業」のトラブル
開院のための準備が「事業の開始」とされて消費税が不還付となった事件

（開業医をめざした医師の対応）

医師　これまでは勤務医だったが、そろそろ独立して医院を開業しようと思って税金についていろいろ調べてみたら、開業時には建物を始め設備投資等多くの費用を要するから、それらにかかる消費税の還付を受けられるように「消費税課税事業者選択届出書」を開業前に提出したらいい、といろいろな人からアドバイスを受けました。そこでＸ２年秋から準備をしてきた医院の建物も完成し器機等の導入設置を行って、Ｘ３年４月から開業できる体制が整ったので、Ｘ３年１月に個人事業者の開業届出等とＸ３年分消費税について「消費税課税事業者選択届出書」を提出しました。

開院準備も順調に進み予定どおりＸ３年４月に医院を開業しました。その名も「ＡＩ内科医院」。新規開業とあって患者さんも多数来院していただけました。

X４年の確定申告時期になってX３年の１月から３月までの勤務医としての給与所得とX３年４月から12月分までの個人事業所得を計算して、３月15日までに所得税の確定申告書と消費税の還付申告書を提出しました。

（税務署からX３年分の確定申告書について来署依頼の連絡）

医師　開業初年度から税務調査とは、一体何があったのでしょうか。

調査官　先生、X３年分の所得税と消費税等の確定申告書を提出されていますけれども、先生の提出された「消費税課税事業者選択届出書」には、適用課税期間をX３年１月から12月とされています。しかし、提出されたこの届出書の適用課税期間は、提出された日の翌課税期間のX４年１月からになります。したがって、X３年分の消費税については免税事業者に該当するため還付は受けられません。

医師　なぜですか！　開業したのはX３年４月ですよ。開業前のX３年１月に届出書を提出したのに。

調査官　先生は医院を開設するにあたって、X２年の６月から医院の建築準備を始めています。そして10月には機器を購入し設置しています。これは、開業準備行為をしていることになり、すでに事業を開始しているということなのです。

医師　医院の開業はX３年４月１日ですよ。医院の建築等を始めたから開業しているなんて、どんな理屈なんですか。納得できないですよ。還付してくださいよ。

▼事件の顛末

裁決では、医師が主張する「開院」を「消費税法上の開業」とは認めず、「事業者が新たに事業を行うに当たっては、当該事業を遂行するために必要な準備行為を行うのが通常である」との見解を示し、準備行為を行った日の属する課税期間も「課税資産の譲渡等に係る事業を開始した日」の属する課税期間に該当するとして消費税還付申告が認められず棄却されました。

◎参照判決等

・国税不服審判所　平成24年６月21日裁決・棄却

▼税理士からのコメント

消費税法は、事業開始から２課税期間は、原則として納税義務者に該当しません。その理由は、新たに事業を開始した課税期間の２年前の課税期間には課税売上高が存在していないということにあります。医師の「AI内科医院」は、開院の2年前には医院を開業して事業を営んでいないので、判定の基礎となる課税売上高はありません。そうしますとX3年は免税事業者となるのです。

医師は開業という意味を「医院の開業」と思ってその開業前のX3年の1月に「消費税課税事業者選択届出書」を提出したんですね。しかしながら、消費税法の「開業」という概念には、開業準備行為も含まれるものとしていますので、開業はX2年6月からと判定されます。そうしますと、「消費税課税事業者選択届出書」は、X2年末までに提出していないと、X3年の医院開業年度から課税事業者の適用にならないのです。このように消費税の課税関係の概念は、一般の概念と異なるところもありますので、開業医を目指した時点で専門家に相談しておくべきだったと思います。

事業者が「課税事業者」であるか「免税事業者」であるかの判定は課税期間を基準として原則として2年前の年度の課税売上高によって判定することとしています。医師の開業した「AI内科医院」にはこの「基準期間に対応する課税売上高」はゼロです。当然です。勤務医であり開業していないのですから。そのため、免税事業者と判定されているのです。そのままでは免税事業者となってしまいます。

このほか、ゴルフ場のオープンに向けて「消費税課税事業者選択届出書」と消費税法基本通達１－４－８（過去2年以上課税資産の譲渡等がない場合の令第20条第1号の適用）を提出しましたが、基準期間に広告宣伝費１００万円余の決済取引が行われていたことから休業状態が認められず、２億１４３４万円余の還付を受けられなかった事件（長野地裁平成16年3月26日判決）もあります。

みなさんの中から「誰がこんな規定を決めたのか。開業という概念が一般常識と異なる規定は無効ではないのか。」との声が聞こえてきそうです。このほか個人でわずか2台から4台ほどの駐車料を受け取っていた白色不動産所得者が、個人事業の廃業届出を提出して、改めてマンション経営のために事業の開業届出書を提出してマンションの賃貸開始を行ったので、開業年の前年末までに「消費税課税事業者選択届出書」を提出したものの還付が認められなかった事件（国税不服審判所平成5年7月1日裁決）など、届出書の適用期間をめぐる課税事件があります。いずれも審査請求や裁判で争っていますが、結論は課税処分のとおりで、納税者の主張は認められていません。

確かに市民感情の開業概念と税法の開業概念との相違は大問題ですが、国会でこのような議論はしていないのではないでしょうか。そのため、法令が実施されて犠牲になるのは国民なのです。国会議員にもっと法令制定について注意深く検討し審議してもらいたいものです。

No.25

消費税届出書のトラブル

「消費税課税事業者届出書」の提出では課税事業者でないとされて消費税が不還付となった事件

（社長から係長へ課税事業者への対応指示）

社長　係長、X2年現在、当社は居住用不動産賃貸等を営んでおり9月決算だ。これまで賃貸住宅の貸付で免税事業者になっているが、X3年の7月にはオフィスビルを建築し事業者向け賃貸事業を展開する予定なので、係長、消費税について課税事業者になるよう手続きをしておきなさい。

（顧問の税理士事務所へ質問）

係長　先生、弊社が消費税の課税事業者になるための手続きはどうするのですか。

税理士事務所の職員　御社は、現在免税事業者なので、このままでは来年の9月決算に還付を受けることはできません。まず、9月決算を6月決算に決算期を変更をして、来年の新たな事業年度となるX３年７月１日に開始する課税期間の前日、６月30日までに消費税課税事業者となるための届出書を提出しておくことが必要です。決算期変更の届出も必要ですよ。

（税務署法人課税部門の窓口にて）

係長　決算期変更の届け出用紙と、来期には大きな資産取得があるので、消費税の還付を受けるために提出すべき書類をください。

税務職員　「決算期変更の異動等届出」と「消費税の課税届出」を提出してください。

係長　社長、税務署へX２年６月末決算とする決算期変更の異動届出と「消費税課税事業者届出書」を提出しました。

（確定申告時期になって税務署からX３年７月からX４年６月と印字された「消費税の確定申告書」が送付されてきた。）

係長　送付を受けた「消費税の確定申告書」に高額な資産取得の発生した課税期間について課税事業者として還付の申告をしました。

（税務署からの連絡）

税務職員　御社は、決算期変更はしておりますが、消費税については「消費税課税事業者届出書」を提出されており、「消費税課税事業者選択届出書」が提出されていないので、引き続き免税事業者となります。消費税について課税事業者であるとして還付の申告書を提出されていますが、還付できませんので、更正決定をします。

係長　エー。消費税の課税事業者の届出書を提出しましたよね。

税務職員　あれは、課税事業者になることを確認する意味の届出書であって、課税事業者を選択するという届出書ではありません。また、御社の提出した届出書には基準期間及び基準期間の課税売上高の欄には記載もありません。

係長　でも税務署からは課税事業者としての消費税申告書が送られてきたじゃありませんか。なんでダメなんですか。

社長　この更正決定は取り消してください。税務署には「消費税課税事業者届出書」を提出しています。しかも、うちの係長がお伺いして窓口の税務署職員には、消費税課税事業者となることを選択したい旨を伝えた上で、職員から交付を受けた用紙を用いて、本件届出書を提出したのですから、弊社には消費税課税事業者選択届出の意思があったのです。しかも税務署から送られた申告書には課税事業者として印字されており、税務署においても課税事業者

〈図表〉会社の書類提出と税務署の処理状況

事件の概要（消費税のみ，法人税申告と更正処分は省略）
当初の事業年度と異動届出等による事業年度

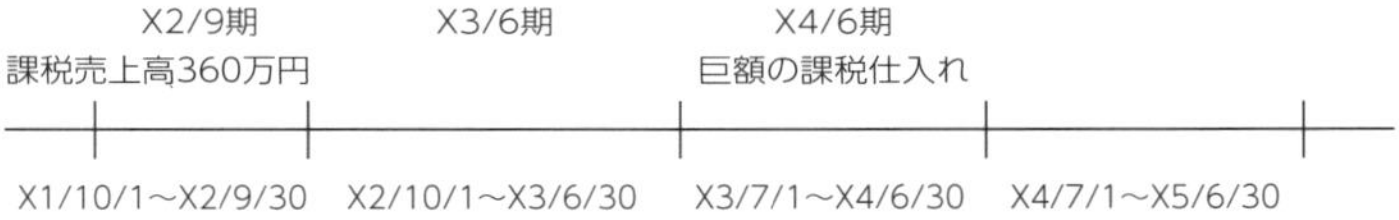

X3/6/15　決算期変更届
X3/6/15　「**消費税課税事業者届出書**」提出（適用期間誤記入）
税務署処理：適用期間X3/7/1～X4/6/30と入力
税務署から　X4/7頃，消費税の確定申告書の送付
法人　X4/8/28還付申告書（４億8210万円余）
税務署から　X4/10/31還付取消し

納税者の主張：課税事業者になるためとして書類を提出し，税務署から確定申告書が送付されてきたので，還付申告を提出した。
課税庁の主張：提出された消費税の届出書は「**消費税課税事業者届出書**」であり「**消費税課税事業者選択届出書**」ではないので課税事業者に該当しない。
裁判所の判断：提出されたのは「**消費税課税事業者届出書**」であり，課税事業者にはならないので還付取り消しは正当な課税処分である。

と認識しているのではないですか。

▼事件の顛末

本件は、会社係長と税務署窓口職員とのやり取りの事実関係が明確ではないが、納税者である会社は「消費税課税事業者届出書」を「消費税課税事業者選択届出書」の意図をもって提出したのです。一方、税務署における文書収受による事務処理が提出書類不備の状況であったにもかかわらず課税事業者として処理されて消費税の課税事業者の確定申告書が送付されていたのです。このように相互に立証されない不明な事実関係となっていたのです。裁判では、税務署の処理の問題よりも、明確な事実関係として「消費税課税事業者選択届出書」ではなく「消費税課税事業者届出書」が提出されていたことから、課税処分が認容され4億8210万円余の還付が認められなかったのです。また、会社は税務職員の違法行為について国家賠償を求めたのですが、この用紙の交付について、税務署の窓口対応について法人が明確に事実関係を立証できなかったため、棄却されました。

◎参照判決等

・京都地裁　平成16年10月13日判決・棄却・控訴
・大阪高裁　平成17年5月20日判決・棄却・上告
・最高裁（一小）平成17年10月13日決定・判決・棄却・不受理・確定

▼税理士からのコメント

消費税の届出書には、多数、類似のものがあり、本件のように①「消費税**課税事業者選択**届出書」、②「消費税**課税事業者**届出書」ではまったく意味が異なります。①は、免税事業者が課税事業者になるための届出書であり、課税事業者となりたい課税期間の開始の日の前日までに提出していなければ課税事業者になれません。つまり、この選択届出書にはその法的効力が発効される課税期間の開始時期が重要になりますので、適用課税期間を明記するのです。②は、免税事業者であったものが、基準期間の課税売上高が免税事業者の判定基準を超えて課税事業者になったことを確認的に届け出るものです。基準期間の課税売上高が免税事業者の金額を超えれば、特にこの届出書の提出がなくても課税事業者として処理されます。免税事業者は、①の届出によって自ら選択して課税事業者となったのですから、課税事業者を止めようとする場合には、③「消費税**課税事業者選択不適用**届出書」の提出が必要となりますが、最低２年間は取り止めることができません。このように消費税の届出書にはいろいろな法的効力をもたらすものがあり、その提出日が適用課税期間との対応で重要となっています。

コラム　**消費税法の沿革と現代的問題**

消費税制度は平成元年（１９８９年）４月１日から適用されています。前年の昭和63年12月、竹下登内閣の時に自民党の強行採決によって成立しました。導入当初、申告書は１枚で簡単、税率は３％の単一税率でシンプル明快、課税売上高３０００万円以下の小規模事業者には免税制度を設けて無税に、課税売上高５億円以下の事業者に対して簡易課税制度の適用を認めて実施されました。しかも、みなし仕入率は２区分で卸売業90％とその他80％ですから、中小企業のほとんどは、簡易課税制度を適用してスタートしていました。当初、消費税導入に反対運動の多かった制度も、実際に納税の段階になって簡易課税制度を適用すると、実際の課税仕入れよりも高い割合で仕入税額控除されるのですから、事業者には、理論的な計算と実務的な計算との差額として納税しない消費税差額、いわゆる「益税」が生じていました。いわば実務的には事業者に美味しい税制でした。その後、成立時の反対勢力も消失してくると、財務省は、消費税には事業者に「益税」が生じていることを一般に報道して「益税」削減のために改正に次ぐ改正を行って、今日の制度となっています。このようなことは制度設計をしている大蔵省（現・財務省）においては当初から強く認識していることであって、反対を抑えるための甘言施策であったと言えます。

このような消費税法は、35年を経た今では更なる改正の結果、非常に複雑で奇怪な税法となり、所得税法、法人税法などの課税事件よりも多くの課税事件が発生しています。すなわち、現行消費税法は、課税期間の2年前を基準期間と定めて、その基準期間の課税売上高がいくらであるのかによって、課税期間の消費税対応を確定させるような制度になっています。また現在は、基準期間の課税売上高が１０００万円以下であれば、免税事業者になりますが、１０００万円を超えていれば課税事業者になります。課税事業者に該当した場合には、本則に基づいて消費税額を計算するのか、簡易課税制度を選択して消費税額を計算するのか、選択適用ができます。簡易課税制度を適用するのであれば「消費税**簡易課税制度選択**届出書」の届出が必要になります。また、免税事業者であっても課税事業者となることができますが、その場合は「消費税**課税事業者選択**届出書」の届出が必要となります。このように基準期間の課税売上高によって課税期間の消費税計算にいろいろな選択肢がありますので、基準期間の翌課税期間にその対応を選択するために各種届出書があります。そうしますと、節税対策として法人を次々と設立して事業を営む者が発生してきましたので、平成６年改正によって資本金１０００万円以上の法人は設立時から課税事業者としました。さらに特定期間を設けて免税期間を短縮するように制度の改正を行っています。

また、簡易課税制度の変遷を見ると簡易課税制度を適用できる事業者の課税売上高は、当初５億円以下、平成３年改正で４億円以下、平成６年改正で２億円以下、そして平成15年改正で現在の５０００万円以下となっています。この間、みなし仕入率の業種区分も２区分から、４区分、５区分そして現行の６区分と改正の都度みなし仕入率の圧縮を図ってきました。

そのため消費税の課税事業者は、課税期間の開始の日の前日までにいろいろな届出書類の提出を必要としているためトラブルが多いのです。

❏消費税法の問題点

「基準期間」と「課税期間」という仕組みは、消費税導入時期には必要であったかもしれません。しかし、導入後35年を経過した今日では消費税法の重大な欠陥となっています。つまり基準期間を設けて２年後の課税期間が免税事業者となるのか、課税事業者となるのか、という判定制度を採用していることです。そのため、このような「消費税課税事業者選択届出書」、「消費税課税事業者選択不適用届出書」、「消費税課税事業者届出書」など紛らわしい届出書が必要になってくるのです。簡素化するためには、**全ての事業者を課税事業者とする**ことです。その上で、零細な規模の事業者に対して消費税額の**少額免除制度**とすることです。簡易課税制度についても同じことで、選択と選択不適用の届出書があり、その提出日と適用課税期間の表記が重要になっています。創設当初は、課税か免税か、簡易か本則かの判定のために基準期間を設けたのでしょうが、そのため、基準期間と課税期間の間における消費税の取扱いについて新設法人の特例を設けるなど制度が複雑化しています。

現行消費税における簡易課税制度選択届出書と不適用届出書の適用がどのようになっているのでしょうか。「基準期間」というのは課税期間における消費税計算の適用関係を判定する重要な要素となっています。そして「**届出書を提出した日**」と「**適用課税期間**」の認識が重要です。届出書の効力は「**提出した日の翌課税期間**」からとされています。また、簡易課税制度を選択適用すると二年間は強制的に適用となります。その上で適用ができるか否か、基準期間の課税売上高が5000万円以下であることが条件となります。また、簡易課税を取り止めて本則計算に戻るためには不適用届出の提出が必要です。これらの関係を、簡単に説明すると次表のようになります。新設法人以外の法人で12月末決算を例にします。

事業年度	課税売上高	簡易課税制度の届出書の状況
自X0年1月1日 至同12月31日	3800万円	当年度は**本則計算** X0年12月20日　簡易課税選択適用届出書を提出
自X1年1月1日 至同12月31日	4000万円	**簡易課税**制度適用
自X2年1月1日 至同12月31日	4800万円	**簡易課税**制度適用 本則計算が有利であっても簡易課税制度強制適用 X2年12月25日簡易課税制度選択不適用届出書を提出
自X3年1月1日 至同12月31日	9000万円	**本則計算**の適用、以後の課税期間は本則計算の適用
自X4年1月1日 至同12月31日	4000万円	**本則計算**の適用 簡易課税が有利であっても簡易課税制度選択適用届出書が未提出のため本則計算
自X5年1月1日 至同12月31日	4600万円	**本則計算**の適用　仮にX4年12月までに簡易課税制度選択適用届出書を提出していても基準期間の課税売上高が5000万円を超えているから本則計算

このように非常に複雑な届出制度となっているため、届出書の提出タイミングを失すると事業者にとって適切な消費税額の計算ができません。そのために、届出書の提出と適用をめぐる課税事件が多数生じているのです。また、適切な指導をしていないとして、税理士に対して損害賠償を請求する事件も多く発生しています。また、届出書の提出に当たって課税期間の課税売上高の予測を誤ると有利なつもりが不利になることもあります。

私見としては、消費税法廃止論者ですが、存続させるのであれば、事業者はすべて課税事業者として、決算における課税売上高で一定規模以下の事業者について納付すべき消費税等を免除する制度が簡素ではないかと思います。これによって、届出書によるトラブルは大幅に減少することでしょう。国会議員には大いに議論してほしいところです。インボイス制度の導入によって、中小零細事業者に多くの混乱と事務負担をもたらしていることをもっと強く認識すべきではないでしょうか。欧州では付加価値税としてインボイス方式を導入していますが、わが国における単一税率で帳簿方式で円滑に運用していることを高く評価していました。それとも財務省はもっと税率を上げるためにインボイス制度を導入したのでしょうか。輸出は免税となっており消費税が課税されていません。しかし国内取引の課税仕入れには消費税相当額を支払っています。そのため、課税消費税が発生していない輸出企業は、課税仕入れに係る消費税が還付になるのです。輸出企業には巨額の消費税の還付が行われているのです。このような消費税の現状の制度を多くの方は理解しているのでしょうか。中小零細企業は、その売上高の多くは人件費によるものです。ところが人件費は「課税仕入れ」から除かれているため仕入税額控除ができず、所得税と消費税の二重課税となっているのです。

消費税法はもっと簡素にすべきですが、財務省は、現在は、簡素化どころか、複数税率の導入、インボイス制度の導入など一層複雑化しています。国会での大いなる簡素化意見の討論を願いたいところです。

【著者紹介】

中島　茂幸（なかしま　しげゆき）

日本大学商学部卒業，東京国税局および税務大学校勤務・退官後，平成２年から北海学園北見短期大学助教授，北海学園北見大学教授，北海商科大学教授，同大学大学院教授，現在，北海商科大学名誉教授。この間，東京農業大学および小樽商科大学非常勤講師。平成２年税理士登録。日本税法学会理事，中小企業会計学会元理事，北海道税理士会審議室長（平成29年４月から令和５年３月まで），北見市情報公開・個人情報保護・行政不服審査会委員（平成28年７月から現在まで）。

〈主な著書・論文〉

単著:『非上場株式の税務』（平成27年・中央経済社），『中小会社の計算書類と経理実務』（平成24年・税務経理協会），『新会社法における会計と計算書類』（平成18年・税務経理協会），『消費税の実務解説』（平成11年・税務研究会），編著:『改訂版　Newベーシック税務会計＜企業課税編＞』（令和５年・五弦舎），『改訂版　Newベーシック税務会計＜個人課税編＞』（令和４年・五弦舎），論文:「消費税法における問題と改善策の一考察」『税法学』（586号）ほか多数

失敗事例に学ぶ
税金事件ファイル25

2024年12月15日　第１版第１刷発行

著　者　中　島　茂　幸
発行者　山　本　　継
発行所　㈱中央経済社
発売元　㈱中央経済グループパブリッシング

〒101-0051　東京都千代田区神田神保町１－35
電話　03（3293）3371（編集代表）
　　　03（3293）3381（営業代表）
https://www.chuokeizai.co.jp

印刷／東光整版印刷㈱
製本／誠　製　本　㈱

© 2024
Printed in Japan

＊頁の「欠落」や「順序違い」などがありましたらお取り替えいたしますので発売元までご送付ください。（送料小社負担）

ISBN978-4-502-52051-8　C3034

JCOPY〈出版者著作権管理機構委託出版物〉本書を無断で複写複製（コピー）することは，著作権法上の例外を除き，禁じられています。本書をコピーされる場合は事前に出版者著作権管理機構（JCOPY）の許諾を受けてください。
JCOPY〈https://www.jcopy.or.jp　eメール：info@jcopy.or.jp〉